Crazy for TOEIC VOCA

I am books

Crazy for TOEIC VOCA

© 2010 **I am Books**

지은이	아이엠북스 콘텐츠 기획팀
펴낸이	신성현, 오상욱
기획·편집	김현아
영업·관리	장신동, 허윤정
펴낸곳	도서출판 아이엠북스
	(153-802) 서울시 금천구 가산동 327-32 대륭테크노타운 12차 1116호
	Tel. (02)6343-0999 Fax. (02)6343-0995

출판등록	2006년 6월 7일 제 313-2006-000122호
ISBN	978-89-6398-025-6 93740

* 이 책에 게재된 내용의 일부 또는 전체를 무단으로 복제 및 발췌하는 것을 금합니다.
* 저자와의 협의에 따라 인지는 붙이지 않습니다.
* 잘못된 책은 구입하신 곳에서 교환해 드립니다.

www.iambooks.co.kr

머리말 (Preface)

　Crazy for TOEIC VOCA는 뉴 토익에 재빠르게 적응하고, 고득점을 달성하도록 하기 위해 만들어진 교재로, 토익의 각 파트별로 출제되는 모든 단어들을 면밀하게 분석하고 출제 빈도가 높은 단어들을 모두 담으려고 노력하였습니다.

　보통 토익 점수가 평균 600점 수준에 머물러 있으나 목표 점수인 800~900점까지 도달할 수 있을지 고민하는 사람들이 많습니다. 이런 이들의 가장 큰 문제점은 토익 시험 유형에 대한 이해 부족, 토익 어휘 능력 부족입니다. 따라서 어휘라는 기본 골격을 다지는 것이 기본적으로 해야 할 일인 것입니다.

　토익에 반복해서 출제·제시되는 어휘는 총 3,000여개 정도 됩니다. 이중 우리가 고등학교, 대학교 때 학습해서 이미 알고 있는 단어를 제외하고 새롭게 알아야 하는 단어들은 대략 1,500~1,700개 정도로 예상할 수 있습니다. 따라서 본서에서는 우리가 모르는 어휘를 57일로 제시하여 수준에 따라서 학습 일수를 경감할 수 있도록 구성했습니다. 다량의 어휘 구성은 토익에 제시되는, 우리가 모르고 있던 어휘를 대부분 학습할 수 있게 할 것입니다. 또한 영어 예문은 토익 시험에 출제된 표현들과 가장 흡사한 것을 제시하여서, 어휘를 학습하면서 토익 RC 부분까지도 함께 실력이 향상됨을 느낄 수 있을 것입니다.

무조건 어휘를 많이 외운다고 토익 점수가 향상되지는 않습니다. 어떻게 짧은 시간에 효과적으로 공부할지를 알아야 합니다. 빈도수 낮은 어휘 암기에 시간과 에너지를 낭비하지 말고, 꼭 나오는 어휘만을 모은 본서로 효율적인 학습을 하여서 뉴 토익에 빠르게 대처하고 고득점을 맞을 수 있기를 기원합니다.

알토단의 학습 방법

I. 수준별 학습 방법

Part 1. 기본 어휘 익히기
(600점 목표 단계 - Day 01 ~ Day 15)

 분명히 알았던 단어인데 뜻이 생각나지 않거나, 자신이 알고 있던 뜻으로 단어가 출제되지 않는다는 것을 어렴풋이 알게 되는 시기입니다. 토익은 출제 목적이 국제적인 business 능력을 키우는 것이기 때문에 business에 관련된 단어와 문장이 등장하고, 같은 단어라도 business 상황에서 쓰이는 의미로 사용됩니다. 따라서 단어들을 접하면서 기죽지 말고, 처음부터 어려운 어휘를 공부하기보다는 차근히 하나씩 알아가는·기쁨으로, 영어에 대한 흥미를 잃지 않도록 합니다.

Part 2. 중급 어휘 익히기
(730점 목표 단계 - Day 16 ~ Day 30)

 점수가 조금씩 올라가면서 토익이라는 것에 재미가 붙고, 공부에 가속이 붙는 단계입니다. 반면 어휘 부분에서 부족한 면을 깨닫게 되는 시기이기도 합니다. 이때에는 business 환경에서 실제 쓰이는 표현들을 두루 섭렵해야 합니다. Part 1과 Part 2에 제시된 단어를 완벽하게 소화하고, 예문을 자세히 학습하면서 점수를 올릴 수 있는 기회를 노려야 합니다. 또한 어휘를 외우면서 직접 발음해 보면서 LC에도 익숙해 질 수 있도록 노력하도록 합니다.

Part 3. 고급 어휘 익히기
(860점 목표 단계-Day 31~Day 45)

토익 성적이 700점대 중·후반을 맞게 되면 점수가 잘 오르지 않기 때문에 슬럼프에 빠질 수 있는 시기입니다. 이때 좌절하지 않고, 끝까지 노력해야만 800점대라는 고지를 넘을 수 있습니다. 800점 이상을 얻기 위해서는 요행보다는 진정한 실력이 있어야 합니다. 따라서 Part 1, Part 2에 제시된 다소 보편화된 단어 외에도 토익에 출제되는 잘 안 쓰이는 단어도 알도록 어휘 익히기에 박차를 가하도록 합니다.

Part 4. 최상위 어휘 익히기
(900점 목표 단계-Day 46~Day 57)

고득점인 900점대에는 특별한 팁이 없습니다. 전반적인 영어 실력을 장기간 쌓는 게 유일한 방법입니다. 토익에 출제되는 거의 모든 단어를 알 수 있어야 합니다. 따라서 기존에 공부했던 Part 1~Part 3의 단어를 모두 외우고, Part 4에 제시된 단어를 모두 섭렵함으로써, 토익에 제시된 어떠한 단어도 모두 아는 최고 경지에 오를 수 있도록 마지막으로 최선을 다하도록 합니다.

Ⅱ. 단계별 학습법

1단계
단어를 보고, 아는 단어인지 모르는 단어인지 체크해 둔다.

2단계
문맥에서 단어의 의미를 추론한다.

3단계
단어의 스펠링을 써보고, 변화형도 함께 알아 둔다.

4단계
미국식과 영국식 발음을 모두 큰 소리로 말해 본다.

5단계
주요한 뜻을 읽는다.

6단계
유의어, 반대어, 파생어의 쓰임과 뜻까지도 비교해 본다.

7단계
문장 속에서 단어가 어떻게 쓰였는지 다시 확인해 본다.

8단계
하루 분량을 모두 학습한 뒤에 확실하게 복습해 본다.

이 책의 특징

1. 토익 어휘 두 달 완성
토익에 반복적으로 등장하는 단어를 약 2달 분량으로 구성하여 계획적이고, 수준별로 학습할 수 있도록 하였습니다. 하루에 정해진 분량을 꾸준히 학습할 수 있기 때문에 수험생들은 어휘수의 부족함을 느끼지 않고, 충분한 연습을 함으로써, 새롭게 바뀐 뉴 토익에 빠르게 적응하여 고득점을 달성할 수 있습니다.

2. 미국 발음 vs. 영국 발음의 차이점 분석
미국식 발음에 익숙했던 수험생들에게 영이라고 표시하여 영국식 발음을 제시함으로써 발음의 차이를 흥미롭게 익히고, 나아가 LC에서도 고득점을 얻을 수 있도록 대비하게 하였습니다. 예를 들어 '명예'라는 뜻의 honor는 미국식은 [ánər]이지만, 영국식은 [ɔ́nə(r)]로 발음합니다.

3. 미국식 스펠링 vs. 영어식 스펠링 차이점 분석
발음 이외에도 가령, honor가 미국에서는 honor로 쓰이지만, 영국에서는 honour로 쓰인다는 점을 확인하도록 하였습니다. 따라서 스펠링을 차이점을 알고, 나라 간 단어 쓰임법을 완벽하게 학습할 수 있게 됩니다.

3. 파트별 공략법

|Part 1| 기출 문제를 많이 풀어보고 외우도록 합니다. Part 1은 10문제가 출제되는데, 그중에 평균 9문제는 과거 기출 문제의 형태와 비슷하게 출제되기 때문에 기출 문제를 많이 풀어보는 것이 효과적으로 점수를 높이는 방법입니다.

|Part 2| 이 Part는 요령과 비법이 가장 잘 통용되는 유형입니다. 따라서 유형별 문제 풀이 요령을 확실하게 습득한 뒤에 실전 문제를 풀어보도록 합니다.

|Part 3| 대화 내용을 잘 분석해야만 풀 수 있는 문제로, 어휘와 더불어 청취력을 꾸준히 늘려야만 고득점을 받을 수 있는 Part입니다. 받아쓰기를 하면서 들어보고, 그 문장을 읽고 외우는 것이 가장 효과적인 학습법입니다.

|Part 4| Part 4는 Part 3와 같이 받아쓰기를 하고, 읽고 외우는 것이 효과적인 학습법입니다. 대신에 Part 4는 Part 3보다 자주 출제되는 유형이 더 정형화되어 있으므로, 언제 어떤 표현을 쓰는지를 알면 훨씬 쉽게 정답을 맞출 수 있습니다.

|Part 5| 계속 나오는 유형이 출제되기 때문에 구 토익이나 전 달에 출제되었던 문제를 많이 풀어보면 도움이 됩니다. 특히 복합 명사는 덩어리로 암기하며, 동의어에 대해서도 함께 외워두면 생각보다 쉽게 정답을 찾을 수 있는 Part입니다.

|Part 6| 두 문장 이상을 읽어야 답을 얻을 수 있는 어휘 문제가 많이 출제됩니다. 따라서 문맥에서 그 단어가 어떤 뜻으로 쓰이는지를 미리 연습해 두고, 문장을 해석할 때 유의하도록 합니다.

|Part 7| Part 7은 시간과의 싸움이 큰 관건입니다. 따라서 매일 문제를 풀어보면서 속도에 대한 긴장감을 유지하도록 해야 합니다.

뜻	미국	영국
그는 막 집에 갔다.	He just went home.	He's just gone home.
문제 있습니까?	Do you have a problem?	Have you got a problem?
여보세요, 수잔인가요?	Hello, is this Susan?	Hello, is that Susan?
내일 여기 있을게요.	I'll be here tomorrow.	I will(shall) be here tomorrow.

목차 (Contents)

Part 1 — 기본 어휘 익히기
600점 목표 단계 – Day 01~Day 15 ········· 21

Part 2 — 중급 어휘 익히기
730점 목표 단계 – Day 16~Day 30 ········· 99

Part 3 — 고급 어휘 익히기
860점 목표 단계 – Day 31~Day 45 ········· 177

Part 4 — 최상위 어휘 익히기
900점 이상 목표 단계 – Day 46~DAY 57 ········· 255

Bonus Pages
혼동하기 쉬운 어휘 ········· 317

Index ········· 323

Part 01

기본 어휘 익히기

600점 목표 단계!
Day 01 ~ Day 15

awake
[əwéik]

v. 깨우다, 자각시키다 **a.** 깨어 있는

If leaky faucets are keeping you awake at night, you may be up with a chronic insomnia.
수도꼭지에서 물새는 소리에 잠을 못 이룬다면, 만성적인 불면증과 함께 잠자리에서 일어나게 될지도 모릅니다.

유 phr. fall asleep a. asleep

beat
[bíːt]

v. 치다, 패배시키다, 통통 두드리다, 뛰다

The results easily beat Wall Street expectations.
그 결과들은 쉽게 월 스트리트의 예상 이상의 호조를 보이고 있다.

benefit
[bénəfit]

n. 이익, 이득 **v.** ~의 이익이 되다; ~에게 이롭다

Benefit sharing will be strictly implemented next month.
이익 분배는 다음 달부터 엄격하게 실시될 것이다.

유 n. advantage

blame
[bléim]

v. 나무라다, 책임지우다 **n.** 비난, 책임

Economists have put the blame for the crisis squarely on the corporations.
경제학자들은 위기를 바로 기업들의 탓으로 돌려 왔다.

유 v. criticize, condemn, attack

charge
[tʃáːrdʒ]
영 [tʃáːdʒ]

v. 부담시키다, 청구하다, 대금을 청구하다 **n.** 청구 금액, 책임

Please ensure this charge is dropped from the bill for payment as soon as possible.
• 가능한 빨리 이 청구 금액이 지불청구서에서 취소되도록 해 주시기 바랍니다.

유 v. fine 반 v. discharge

climate
[kláimit]

n. 기후

The desert climate is characterised by hot and very arid conditions.
사막 기후는 뜨겁고 매우 건조한 환경으로 특징 지워진다.

crush
[krʌ́ʃ]

v. 눌러 부수다, 궤멸시키다, 부서지다

The crushed red pepper can be used liberally for a spicy taste.
빻은 붉은 고추는 매운 맛을 내는 데 대체로 사용될 수 있다.

유 v. break

current
[kə́ːrənt]

a. 지금의, 현행의 **n.** 흐름, 경향

If the current slump began in October, it could be over by late spring.
현재의 불황이 작년 10월에 시작되었다고 본다면 올봄 끝 무렵에 끝날 수 있다.

유 n. flow, circulation, passage

delight
[diláit]

n. 기쁨 **v.** 매우 기쁘게 하다

To our great delight, our guests arrived on time.
우리가 정말 기쁘게도 손님들이 제 시간에 도착했다.

유 n. pleasure v. charm, captivate

depend
[dipénd]

v. 의존하다, 의지하다, 믿다, 나름이다

You'll depend on your sons and daughters the rest of your life.
당신은 남은 인생을 당신의 아들과 딸에게 의지할 것입니다.

파 a. dependable 의존할 수 있는
  n. dependence 의뢰, 의존

directly
[diréktli]

adv. 곧장, 직접적으로

Please speak directly to a film director on the telephone.
전화로 영화감독에게 직접 이야기하십시오.

반 adv. indirectly

discourage
[diskə́:ridʒ]

v. ~의 용기를 잃게 하다

The textile industry claims that duties are still too low to discourage imports.
섬유 업계 측은 수입을 억제하기에는 관세가 여전히 턱없이 낮다고 주장하고 있다.

반 v. encourage

exclusive
[iksklú:siv]

a. 배타적인, 독점적인

These photos and news items are exclusive to this newspaper.
이 사진들과 뉴스 기사는 이 신문의 독점 기사이다.

유 a. elitist, select

invent
[invént]

v. 발명하다, 날조하다

Mr. Bloom, 41, invented the product after 15 years senior researcher at the private Institute.
마흔 한 살의 블룸 씨는 민간 기관에서 선임 연구원으로 15년을 보낸 후 이 상품을 발명했다.

파 n. invention 발명, 발명품
   a. inventive 발명의

issue
[íʃu:]

n. 발행물, 발행, 문제 **v.** 나오다, 유래하다

The issue generated more synergy than any previous cover story.
그 발행물은 이전의 어떤 커버 스토리보다 많은 시너지 효과를 냈다.

유 n. matter

launch
[lɔ́:ntʃ]

v. 진수시키다, 내보내다

We are about to launch an investment banking service in Hong Kong.
우리는 홍콩에서 투자은행 서비스를 시작하려고 합니다.

반 v. abolish

opinion
[əpínjən]

n. 의견, 견해

These are factual stories and do not reflect public opinions.
이것들은 사실적인 기사이며 여론은 배제됩니다.

파 a. opinionative 의견의, 소신상의
   a. opinioned 의견을 가진

product
[prádʌkt, -dəkt]
영 [prɔ́dʌkt]

n. 산출물, 생산물

I am excited about educating your team on the latest products from the United States.
귀하를 만나 당신 팀으로부터 미국의 최신 기기에 관해 배우게 되기를 고대합니다.

유 n. goods, commodity

shortly
[ʃɔ́ːrtli]

adv. 곧, 간단히

We will send you a confirmation e-mail shortly.
승인 이메일을 곧 보내 드리겠습니다.

유 adv. soon, briefly

similar
[símələr]

a. 비슷한

The brains of 50 male staffs were compared with those of 50 other men of similar age.
남성 직원 50명의 두뇌가 유사한 연령의 남성 50명의 두뇌와 비교되었다.

반 a. dissimilar, unalike, unlike

survive
[sərváiv]

v. 살아남다

The cloned animals all survived shorter than the living animals in the control group.
복제된 동물들은 모두 대조군 동물들보다 더 짧게 살았다.

유 v. live, phr. live on

swift
[swíft]

a. 빠른

Take swift action to remove content that violates our policies.
아무쪼록 우리 정책을 위반하는 내용을 신속히 제거해 주시기 바랍니다.

유 a. fast

traffic
[trǽfik]

n. 교통, 왕래, 통행

Traffic lights have recently been installed in the village.
교통 신호등이 최근 마을에 설치되었다.

vote
[vóut]

n. 투표, 표, 투표권 **v.** 투표하다

The opposition did not attend the debate, and the vote was unanimous.
야당은 토론에 참석하지 않았고, 투표는 만장일치였다.

파 n. voter 투표자, 유권자

wipe
[wáip]

v. 훔치다, 닦다 **n.** 닦음

Wipe surface with damp cloth and mild cleaning solution.
젖은 천과 순한 세제로 표면을 닦는다.

유 v. mop, sponge

perform
[pərfɔ́ːrm]

v. 이행하다, 실행하다, 연주하다

Comedian Todd Donald will perform at the Arts Center later this week.
코미디언 토드 도널드가 이번 주말 아트 센터에서 공연할 것입니다.

파 n. performance 실행, 성과

responsible
[rispánsəbl]

a. 책임이 있는, 신뢰할 수 있는

No one can say that they are responsible for this incident.
그 누구도 이들이 이 사고에 대해 책임이 있다고 말할 수 없다.

stuff
[stʌ́f]

n. 재료, 소질 **v.** ~에 채우다

This stuff seems to be reported as a lot more stable.
이 제품이 훨씬 안정적인 것으로 보도되고 있는 것 같습니다.

유 n. matter

suspicious
[səspíʃəs]

a. 의심하는, 의심 많은, 혐의를 일으키는

If you hear or see any suspicious activity, ring the local guard force.
어떤 수상쩍은 움직임이 들리거나 보이면 지역 경비대에 전화하십시오.

유 a. doubtful

Day 02

agriculture
[ǽgrikʌltʃər]

n. 농업, 농학

The manufacturing industry has recently surpassed agriculture as the nation's largest source of revenue.
제조업은 최근에 농업을 제치고 그 나라의 최대 수입원으로 부상했다.

윤 n. farming

contributor
[kəntríbjutər]

n. 기부자, 공헌자

Historically, he has not been a major contributor to the university.
역사적으로, 그는 그 대학의 주요 기부자가 아니었다.

destroy
[distrɔ́i]

v. 파괴하다, 멸하다, 소실시키다

Please destroy all credit cards associated with this bank by cutting the magnetic strip in half.
이 은행과 관계된 신용카드는 모두 마그네틱 부분을 반으로 잘라서 파기하십시오.

반 v. construct

declare
[diklɛ́ər]

v. 선언하다, 언명하다

The project is moving ahead quickly, but we're not ready to declare success.
그 프로젝트는 빠르게 나가고 있지만, 아직 성공이라고 할 정도는 아니다.

윤 v. state, indicate, announce

defy
[difái]

v. 무시하다, 도전하다

It would be foolish to defy the laws of physics.
물리 법칙을 무시하는 것은 어리석은 짓이다.

donation
[dounéiʃən]

n. 기부

This family restaurant is collecting donations for its annual Children's Summer.
이 패밀리 레스토랑은 연례 행사인 '어린이들의 여름' 행사를 위한 기부금을 모으고 있습니다.

유 n. present

fasten
[fǽsn]
영 [fáːsn]

v. 묶다, 죄다, 닫히다, 채우다

Please return to your seats and fasten your seat belts.
좌석으로 돌아가 앉아주시고 좌석벨트를 매주시기 바랍니다.

반 v. unfasten

floating
[flóutiŋ]

a. 떠 있는

The survivors clung to the floating wreckage.
생존자들은 표류 중인 난파선 잔해에 매달렸다.

유 a. unsettled, unfixed, afloat

heavily
[hévili]

adv. 무겁게, 몹시

The country's economy is heavily dependent on the automobile industry.
그 나라의 경제는 자동차 산업에 크게 의존하고 있다.

반 adv. lightly

lean
[líːn]

v. 기대다, 의지하다, 비스듬히 기대어 놓다

We had to lean on friends to support our decision.
우리는 친구들이 우리의 결정을 지지하기를 기대해야 했다.

유 v. tilt, angle

limit
[límit]

n. 한계 **v.** 한정하다

The group plans to limit the number of attendees to 70.
그 그룹은 참석자를 70명으로 한정할 계획이다.

유 n. restriction
v. control, restrict

파 n. limitation 한정
a. limited 한정된

maintain
[meintéin]

v. 지속하다, 유지하다, 간수하다

Since the museum opened in 1956, it has maintained free general admission.

1956년 이 미술관이 개관한 이래, 완전 무료입장을 유지해 왔습니다.

유 v. support

nervous
[nə́:rvəs]

a. 신경질의, 신경의

Some people are nervous about approaching a doctor.

일부 사람들은 의사에게 가는 것을 겁을 낸다.

유 a. neurotic, edgy, on edge

odd
[ád]
영 [ɔ́d]

a. 이상한, 외진, 우수리의, 홀수의

The model is an odd-looking structure of boards and rods.

그 모델은 판자와 막대기로 된 이상한 모양의 구조물이다.

유 a. strange

outline
[áutlàin]

n. 윤곽, 약도 **v.** ~의 윤곽을 그리다

We hope you to solve the problems outlined in our earlier discussion.

이전의 논의에서 거론된 문제들을 귀하께서 해결하기를 바랍니다.

유 n. v. form

polish
[páliʃ]

v. 닦다 **n.** 광택, 광택제

The suggested retail price for the solid type shoe polish is $4.99.

제시된 고체 타입 구두 광택제의 소매가는 4달러 99센트이다.

유 v. rub

race
[réis]

n. 경주, 인종, 민족 **v.** 경주하다, 질주하다

The ten kilometer race goes across the bridge and back fourth.

10km 레이스의 이 경기는 다리를 네 번 건너갔다가 되돌아오는 코스입니다.

유 n. event, championship, tournament

radius
[réidiəs]

n. 반경, 반지름

The crime scene investigators searched all the woods within a six-mile radius.
과학 수사대는 반경 6마일 이내의 모든 숲을 수색했다.

share
[ʃɛ́ər]

n. 몫, 주 **v.** 분배하다, 함께 나누다

Investing in a kind of mutual fund simply means buying shares of the fund.
일종의 뮤추얼 펀드에 투자하는 것은 그 펀드의 지분을 산다는 의미이다.

유 n. allocation v. divide

shell
[ʃél]

n. 껍질, 조가비, 포탄

This is a coiled wire that resembles a snail's shell.
이것은 달팽이 껍질을 닮은 돌돌 말린 철사이다.

situation
[sìtʃuéiʃən]

n. 위치, 상태

It is nice to see that the situation has been resolved in your thought.
고객님이 생각하는 방향으로 상황이 해결되어 다행입니다.

유 n. circumstance, position, conditions

soil
[sɔ́il]

n. 흙, 토양

Water your plant daily or enough to keep the soil moist and healthy.
당신의 식물에 매일 또는 충분히 물을 주어, 토양을 충분히 축축하고 건강하게 유지하십시오.

유 n. mud, dust, clay, land

theory
[θíːəri]

n. 학설, 이론

She has a theory that drinking hot tea prevents colds.
뜨거운 차를 마시면 감기가 예방된다는 것이 그녀의 지론이다.

유 n. principle, law, rule

vertical
[və́ːrtikəl]

a. 수직의

Twin vertical, and twin horizontal arms work well in a variety of workstations.

트윈 수직형, 트윈 수평형 팔걸이로 되어 있어서 다양한 작업 환경에 적합합니다.

유 a. upright, straight

반 a. horizontal, inclined

waste
[wéist]

v. 낭비하다, 황폐하게 하다, 쇠약해지다 n. 쓰레기

We're going to create enormous mountains of chemical waste.

엄청난 양의 화학 폐기물이 쏟아져 나올 것입니다.

유 v. losen, n. garbage, rubbish, trash

refuse
[rifjúːz]

v. 거절하다, 사퇴하다 n. 쓰레기, 폐물

Organic refuse and farm waste include brush, lawn clippings, tree branches, and leaves.

유기물 쓰레기와 농가 폐기물은 잡목, 잔디 깎은 풀, 나뭇가지, 나뭇잎 등입니다.

유 v. reject, deny, decline

반 v. accept

reflect
[riflékt]

v. 반사하다, 반영하다

The fatal flaws in the design reflect the fatal flaws in the designer.

디자인에서의 결정적인 약점들은 디자이너의 결정적인 약점들을 반영한다.

platform
[plǽtfɔːrm]

n. 대, 플랫폼

One platform of the station reaches a depth of about 5,000 feet.

그 역의 한 플랫폼의 경우 깊이가 약 5,000 피트에 달한다.

Day 03

absorb
[æbsɔ́:rb]
영 [əbsɔ́:b]

v. 흡수하다, 열중시키다

The black color will absorb light and raise the temperature of your compost.
검은색은 빛을 흡수하여 당신의 퇴비의 온도를 올릴 것이다.

반 v. emit

cattle
[kǽtl]

n. 소

Cattle, horses and other livestock are commonly branded today for the reason to prove ownership.
소, 말, 그리고 다른 가축들은 보통 오늘날에 소유자를 증명하기 위한 이유로 낙인을 찍는다.

유 n. ox

claim
[kléim]

v. 요구하다, 주장하다 n. 요구, 청구, 주장, 권리

His claim to raise his monthly salary was quite legitimate.
월급을 인상시켜 달라는 그의 요구는 아주 정당한 것이었다.

유 v. demand

committee
[kəmíti]

n. 위원회

If you want to make a full request to the finance committee, you should contact Henry.
재무위원회에 전액 요청을 원하시면, 헨리에게 연락해야 합니다.

유 n. council, commission, board

conduct
[kándʌkt]
영 [kɔ́ndʌkt]

n. 행위, 행실 v. 행동하다, 지휘하다, 실시하다

We conduct regular checks on children's teeth and oral health with lots of encouragement.
우리는 아이들의 이와 구강 건강에 대해 의욕을 가지고 정기검진을 실시한다.

유 v. act

determine
[ditə́ːrmin]

v. 결심시키다, 결심하다, 결정하다

We must determine where the exhibitions will take place.
어디서 전시회를 열 것인지 결정해야만 한다.

⊕ v. decide

diagnosis
[dàiəgnóusis]

n. 진단, 식별

The newest medical system converts sound to an imaging signal to assist in diagnosis.
이 최신 의료기기는 소리를 영상 신호로 전환시켜 진단을 돕는다.

eager
[íːgər]

a. 열망하는, 간절히 하고 싶어하는

The readers are eager to begin production, and look forward to seeing the books on the market.
독자들은 책 제작에 들어가 제품이 시판되기를 간절히 고대하고 있습니다.

⊕ a. enthusiastic, keen

eliminate
[ilímənèit]

v. 제거하다, 삭제하다

They agreed to eliminate tariffs on fruit and other agriculture produce from that country over the next 10 years.
그들은 향후 10년간 과일과 농산물에 대해 관세를 폐지하는 데 합의했다.

⊕ v. necessitate

entire
[intáiər, en-]

a. 전체의, 완전한

Please note that the entire program takes only about 50 minutes.
전 프로그램이 50분 정도밖에 걸리지 않는다는 점에 주목하세요.

⊕ a. whole, complete

eradicate
[irǽdəkèit]

v. 뿌리째 뽑다, 박멸하다

Their goal was to eradicate war from the modern world.
그들의 목표는 현대 세계에서 전쟁을 퇴치하는 것이었다.

⊕ phr. stamp out, weed out

faint
[féint]

a. 희미한, 어렴풋한 **v.** 졸도하다

When I found out I won, I almost dropped the laptop and fainted.
제가 당첨됐다는 걸 안 순간 노트북을 거의 떨어뜨리고 기절할 뻔했어요.

㈜ a. weak, ill, sick, fearful

fancy
[fǽnsi]

n. 공상, 홀연히 내킨 생각 **v.** 공상하다 **a.** 장식적인

There's nothing fancy about it, it's just a good chair.
의자에 장식적인 것은 없지만 여전히 좋은 의자입니다.

fare
[fέər]
영 [fέə(r)]

n. 운임, 요금

The fare wars are a result of offering steep discounts for summer vacationers.
요금 전쟁은 여름 휴가객 유치를 위해 대폭 할인된 가격을 제시한 결과이다.

㈜ n. price

feature
[fí:tʃər]

n. 특징, 얼굴 생김새 **v.** 특색으로 삼다

The new logo is embossed and features a sparkling jewel.
새 로고는 양각 무늬로 넣었으며 반짝이는 보석으로 되어 있습니다.

㈜ n. characteristic, quality
v. star, figure

flame
[fléim]

n. 불꽃 **v.** 타오르다, 불끈 화를 내다

The gas range is adjustable by turning the valve to increase or decrease the amount of flame.
밸브를 돌려 불꽃의 양을 늘리거나 줄임으로써 가스레인지를 조절할 수 있습니다.

㈜ n. blaze

fortunately
[fɔ́:rtʃənətli]

adv. 다행히, 운이 좋게도

Fortunately, he is one of my best friends and understands the position I am in.
다행스럽게도, 그는 제 가장 친한 친구 중 한 명이어서 제 입장을 충분히 이해해 줍니다.

㈜ adv. unfortunately, unluckily

· Part1 - Day3 · 35

fortune
[fɔ́:rtʃən]
영 [fɔ́:tʃu:n]

n. 부, 재산, 운

I have had the good fortune to work with some brilliant co-workers.
나는 운 좋게 몇몇의 명석한 동료들과 함께 일할 수 있었다.

grind
[gráind]

v. 타다, 갈다

Many coffee lovers grind the beans immediately before brewing.
많은 커피 애호가들은 커피를 타기 직전에 콩을 간다.

유 v. rub

household
[háushòuld]

n. 가족 a. 가족의, 가정용의

Some people use household plants to deliver the oxygen in the air.
일부 사람들은 공기 속에 산소를 공급하기 위해 집안에 식물을 기르기도 합니다.

유 n. family

international
[ìntərnǽʃənl]

a. 국제의, 국제적인

The first in the series is International Relations: Business Etiquette for Asian countries.
첫 번째 세미나는 '국제 관계 : 아시아 국가의 비즈니스 에티켓' 입니다.

유 a. global, worldwide
반 a. national

judge
[dʒʌ́dʒ]

n. 재판관, 법관, 심판관, 감정가 v. 재판하다, 판단하다

The judge is not expected to issue a ruling until next Thursday.
판사는 다음 주 목요일 이후에나 판결을 내릴 것으로 예상된다.

latter
[lǽtər]

a. 나중 쪽의, 후자의 n. 후자

The latter series is currently under development by Nicole as a television series of the same name.
후편 시리즈는 현재 같은 이름의 텔레비전 시리즈로 니콜에 의해 개발 중이다.

lay
[léi]

v. 놓다, 눕히다, 설비하다, 알을 낳다

Often swarms of saw flies lay their eggs in the buds of ash trees in the spring.
종종 잎벌 떼는 봄에 물푸레나무 싹에 알을 낳는다.

유 v. put

missing
[mísiŋ]

a. 있어야 할 곳에 없는

Please send me the missing papers as soon as possible.
누락된 서류를 가능한 한 빨리 보내 주시기 바랍니다.

유 a. lost, nonexistent

organize
[ɔ́ːrɡənàiz]

v. 조직하다, 편성하다

The company will also organize a session for business consulting and management.
그 회사는 또한 사업 컨설팅과 경영 과정을 마련할 예정이다.

유 v. arrange, plan, operate
파 organized 조직된, 계획된, 노동조합에 가입된

toss
[tɔ́ːs]

v. 던지다, 동요하다, 뒹굴다

Before serving, toss the salad with Italian dressing.
식탁에 내기 전에 샐러드를 이탈리안 드레싱에 버무린다.

유 v. throw

voyage
[vɔ́iidʒ]

n. 항해 v. 여행하다, 항해하다

His final voyage will cover 3 million miles and take around ten years.
그의 마지막 항해는 거리가 300만 마일을 아우르며 약 10년의 시간이 걸릴 것입니다.

유 n. journey, trip
　v. travel, journey, tour

Day 04

achieve
[ətʃíːv]

v. 이루다, 성취하다, 얻다

Agreement on all modalities of the negotiations could be achieved by the end of the week.
모든 협상 방식에 대한 합의가 금요일까지는 이뤄질 것이다.

❀ v. accomplish, gain, obtain

branch
[bræntʃ]
영 [brάːntʃ]

n. 가지, 지점

Watch out for new video game and DVD titles in your library branch!
여러분의 대여점 지점에 새 비디오 게임과 DVD 타이틀들이 비치되오니 주목하십시오!

compare
[kəmpέər]

v. 비교하다, 비유하다

The experts compared stock analysts' rosy economic forecasts with the business talk they gave their clients.
전문가들은 주식 애널리스트들의 장밋빛 경제 전망과 그들이 고객에게 한 상담을 비교했다.

❀ v. contrast

congress
[káŋgris]
영 [kɔ́ŋgres]

n. 국회, 대회

Congress is considering measures to restrict the supply of the foreign currency.
의회는 외국 통화의 공급을 제한하는 조치를 고려하고 있다.

consistent
[kənsístənt]

a. 일관된, 언행이 일치된, 모순이 없는, 고정된

With excellent transportation facilities nearby, we can provide our local distributors a consistent supply.
주변 교통 시설이 뛰어나서, 우리는 대리점에 안정적으로 물건을 납품할 수 있다.

❀ a. compatible, firm

Day 05

amount
[əmáunt]

n. 총액, 총계, 양 **v.** 총계가에 이르다, 결과적으로 ~이 되다

You will also find the amount of electricity consumed during the billing period.
청구 기간 중의 전기 사용량도 확인하실 수 있습니다.

- 윤 n. v. sum

announce
[ənáuns]

v. 알리다, 공고하다

Reesa Systems announced plans to buy Quentice Software Group for $250 million.
리사 시스템즈는 퀜티스 소프트웨어 그룹을 2억 5천만 달러에 인수한다는 계획을 발표했다.

- 파 n. announcement 공고, 발표
  n. announcer 고지자, 아나운서

appear
[əpíər]

v. 나타나다, ~인 것같이 보이다

Please specify whether his story is to appear as a column or a feature.
그의 이야기를 칼럼으로 실을지 혹은 특집 기사로 실을지를 구체적으로 명시하십시오.

- 윤 v. emerge, show, loom, pop
- 반 v. disappear

apply
[əplái]

v. 대다, 충당하다, 적용되다, 신청하다

These are not seen lightly when applying to work for exchange programs.
이는 교류 프로그램에 지원할 때 가볍게 넘길 일들이 아닌 것으로 보입니다.

- 반 v. defy, exempt

arise
[əráiz]

v. 일어나다, 생기다

Please contact me at this number whenever the need arises.
저희가 도울 일이 있으면, 언제든지 이 번호로 연락 주십시오.

- 반 phr. sit down, lie down

article
[áːrtikl]

n. 기사, 물품, 조항

The article will come up on my site and several others in about two weeks.
이 기사는 약 2주 후에 내 사이트와 몇몇 다른 사이트에 실릴 예정입니다.

유 n. editorial, piece, column, feature

beneficial
[bènəfíʃəl]

a. 유익한

I think you will find this monthly lecture series beneficial.
이 월례 강좌 시리즈는 귀하에게 상당히 유용할 것이라고 생각됩니다.

유 a. advantageous

board
[bɔ́ːrd]

n. 판자, 칠판, 게시판, 식사, 위원회 **v.** 타다, 하숙하다

I hope there are enough examples for your presentation at Wednesday's Board meeting.
수요일 이사회 회의에서 당신의 프레젠테이션을 위한 충분한 예시들이 있을 것을 기대합니다.

관 phr. get off

complete
[kəmplíːt]

v. 완료하다, 완성하다, 이행하다 **a.** 전부의, 완전한

Complete the attached application form and pass it on to your senior.
첨부된 신청서를 작성해서 상부에 전달하십시오.

composition
[kɑ̀mpəzíʃən]
영 [kɔ̀mpəzíʃən]

n. 구성, 작문, 구조, 합성물

The exact composition of the Roman concrete used in the dome is in dispute.
둥근 천장에 사용된 로마 콘크리트의 정확한 구성에 대해서는 아직 논쟁이 계속되고 있습니다.

counsel
[káunsəl]

n. 상담, 조언 **v.** 권고하다

Citing the advice of corporate counsel, the official declined to answer questions how he is doing.
회사의 법률 고문의 조언을 인용하면서, 그 관계자는 그가 어떻게 행동할지에 관한 질문에 답변을 피했다.

damage
[dǽmidʒ]

n. 손해 **v.** 손해를 입히다

The chemicals in the pool can cause serious damage to your eye if you go under water for too long.

수영장 안의 화학 물질들은 당신이 물에 너무 오래 들어가 있다면 눈에 심각한 손실을 줄 수 있습니다.

except
[iksépt]

prep. ~을 제하고는, ~외에는

In a mixing bowl, mix all remaining ingredients except walnuts and peanuts.

조리용 그릇에 호두와 땅콩을 제외한 남은 재료들을 모두 넣고 잘 섞는다.

㈜ conj. but

impatient
[impéiʃənt]

a. 성급한, 조급한

My boss is focused on results, impatient with the slow passage of time, a delegator.

내 상사는 결과에 초점을 맞추며 시간이 느리게 가는 것을 안절부절 못하며, 남에게 맡기는 타입이다.

㈜ a. eager, restive, unforbearing

improve
[imprúːv]

v. 개선하다, 이용하다, 나아지다

By upgrading our quality steadily, we can improve our competitiveness.

우리의 품질을 꾸준히 향상시킴으로써, 우리는 경쟁력을 강화시킬 수 있다.

㈜ v. enhance, reform

leap
[líːp]

v. 껑충 뛰다, 뛰어넘다 **n.** 뜀, 도약

My knowledge of France increased by leaps and bounds when I lived in France for a year.

프랑스에 대한 지식은 내가 1년 동안 프랑스에 살았을 때 착착 증가했다.

㈜ v. n. bound, jump, spring

patch
[pǽtʃ]

v. ~에 헝겊을 대고 깁다, 수선하다 **n.** 헝겊 조각

Some of these damaged sections can be patched fairly easily; some cannot.

파손된 부분의 일부는 꽤 쉽게 보수할 수 있다. 하지만 일부는 할 수 없다.

㈜ n. dot, mark, spot

pleasure
[pléʒər]

n. 즐거움

It was a pleasure meeting you yesterday, and I look forward to doing it again soon.
당신을 어제 만나게 되어 기뻤고, 조만간 또 그러기를 고대합니다.

㊡ n. delight, joy, privilege

precaution
[prikɔ́:ʃən]

n. 조심, 예방 조치

As a safety precaution, turn lights off when you leave the office.
안전 조치로서, 퇴근할 때에는 불을 끄십시오.

㊡ n. defence, shield, safeguard, screen
㊣ a. precautionary 예방의

press
[prés]

v. 내리누르다, 누르다, 밀다　n. 누름, 신문, 보도 기관

Journalists without press credentials will not be allowed to enter the restricted area
기자(보도 기관)증이 없는 기자들은 제한 구역의 출입이 허용되지 않을 것이다.

regard
[rigá:rd]

v. ~으로 여기다, 보다　n. 관계, 고려

In some countries, natural remedies are regarded as unscientific.
일부 국가에서는 자연 치료를 비과학적이라고 생각한다.

㊡ v. call, find, consider

respect
[rispékt]

n. 존경, 존중　v. 존경하다, 소중히 여기다

The differences on this issue was based on mutual trust and respect for facts.
이 문제에 대한 견해 차이는 상호 신뢰와 사실에 대한 존중에 바탕을 두었다.

㊡ n. manners, courtesy
　 v. admire, esteem

shelter
[ʃéltər]

n. 피난처, 방공호　v. 보호하다

They donated the funds from their charity drive to the shelter for the homeless.
그들은 자체 자선활동으로 모금된 기금을 집없는 사람들을 위한 보호소에 기부했다.

strike
[stráik]

v. 치다, 찌르다, 부딪치다, 향하다 **n.** 치기, 동맹 파업

Nearly 2,000 people are struck and injured by lightning per year in the world.
매년 거의 세계의 2천 명이 벼락에 맞아 다친다.

- v. hit, attack, thrust

unfortunately
[ʌnfɔ́ːrtʃənətli]
영 [ʌnfɔ́ːtʃənətli]

adv. 불행하게도

Unfortunately, some of the books were damaged in transit.
유감스럽게도, 책 일부가 운송 도중 파손되었다.

urge
[ə́ːrdʒ]

v. 몰아대다, 죄어치다, 촉구하다

We urge industry to find ways of recycling large amounts of computer equipment.
저희는 많은 양의 컴퓨터 기기를 재활용 할 수 있는 방안을 마련하도록 업계에 촉구하고 있습니다.

- n. urgency 긴급

vary
[vέəri]

v. 바꾸다, 바뀌다

Costs will vary greatly, depending on coverage and quality.
비용은 보장 범위와 품질에 따라 크게 바뀔 수 있습니다.

- v. conform
- a. varying 바뀌는, 변화하는, 가지각색의

visible
[vízəbl]

a. 눈에 보이는, 명백한

All employees are required to have their ID badge visible at all times.
모든 직원은 자신의 신분증을 항상 눈에 보이게 해 두어야 한다.

- phr. on display, in evidence
- a. invisible

Day 06

acid
[ǽsid]

n. 산 **a.** 신, 신맛이 나는

You can add a pinch of baking soda to neutralize the acid in the honey.
꿀에 있는 산을 중성화하기 위해 베이킹 소다를 조금 넣을 수 있습니다.

유 a. unpleasant, sour, acidic

afford
[əfɔ́ːrd]

v. ~할 여유가 있다, 여유가 있다, 공급하다, 주다

I cannot afford to spend a lot of time to repair a brand-new watch.
새 시계를 수리하는 데 많은 시간을 소비할 여유가 없습니다.

유 v. give
파 a. affordable 줄 수 있는, 알맞은

attitude
[ǽtitùːd]
영 [ǽtitjùːd]

n. 태도, 사고방식

Don't expect your employees' attitudes to change overnight.
당신 고용인들의 태도가 하룻밤 사이에 달라질 것이라고 기대하지 마십시오.

blanket
[blǽŋkit]

n. 담요, 모포

Water-circulating blankets are the most appropriate treatment.
물순환 담요가 가장 적절한 처치법이다.

유 n. covering

celebrity
[səlébrəti]

n. 명성, 유명 인사

The celebrity couple sold pictures of them for $5 million, which was donated to a charitable cause.
그 유명인 커플은 자신들의 사진들을 500만 달러에 판매하였고, 그 돈은 자선단체에 기부되었다.

chest
[tʃést]

n. 가슴, 상자

Ice chest measures $40 \times 55 \times 30$ and weighs just 1kg.
아이스 박스의 크기는 40×55×30이며 무게는 1kg에 불과합니다.

유 n. breast

concerning
[kənsə́:rniŋ]

prep. ~에 대한, ~과 관련된

Do not hesitate to contact me if you have any questions concerning this matter.
이 문제에 대해서 궁금한 점이 있으시면 언제든 연락을 주십시오.

유 prep. regarding

conflict
[kánflikt]
영 [kɔ́nflikt]

n. 투쟁, 충돌 **v.** 충돌하다

The best way to avoid conflict is mutual understanding.
분쟁을 피하는 가장 좋은 방법은 상호 이해이다.

유 n. contradiction, clash, collision, opposition
　v. contrast, contradict

contribute
[kəntríbju:t]

v. 기부하다, 기고하다, 기여하다

Unfortunately, we don't have the funds to contribute the event.
아쉽지만, 그 행사에 기부할 자금은 없습니다.

court
[kɔ́:rt]
영 [kɔ́:t]

n. 안마당, 코트, 법정

The court decided that the advertisement does not misrepresent our travel products.
법원은 그 광고가 우리 여행 상품들을 허위 선전하지 않았다고 판결했다.

device
[diváis]

n. 장치, 고안

This device is used for thirty minutes per day to prevent muscle atrophy in paralyzed individuals.
이 도구는 매일 30분씩 마비 환자들의 근위축증을 막기 위해서 사용된다.

discount
[dískaunt, -´]

v. 할인하다, 에누리하여 듣다 **n.** 할인

All tickets for discounted flights must be made 10 days in advance of the planned departure.
모든 할인 항공권의 예약은 출발할 날짜보다 열흘 먼저 해야 한다.

유 v. deduct, subtract

dot
[dάt]
영 [dɔ́t]

n. 점 **v.** 점을 찍다, 점재하다

This test involved drawing lines with a pencil to connect yellow dots on the printed page.
이번 실험에서는 프린트 된 페이지 위에 있는 노란색 작은 점들을 연필로 연결하여 선을 긋게 했다.

drug
[drʌ́g]

n. 약, 마약

Clinic tests show that the drug is good for headaches, and has no harmful side effects.
임상 실험 결과 그 약은 두통에 잘 듣고, 부작용이 없는 것으로 밝혀졌다.

유 n. medicine

firm
[fə́:rm]

a. 굳은, 확고한 **n.** 상회, 회사

Fastest data-processing is another appeal of online brokerage firms.
빠른 데이터 처리는 온라인 중개 회사가 지니고 있는 또 하나의 매력입니다.

유 a. solid, constant, rigid

fit
[fít]

v. ~에 맞다, 맞게 하다 **a.** 적당한, 꼭 맞는 **n.** 적합

This is why not all uniforms fit all people.
그래서 모든 유니폼이 모든 사람들에게 다 맞지는 않는 것입니다.

latest
[léitist]

a. 최신의, 최근의, 가장 늦은 **adv.** 가장 늦게

In the latest poll, nearly one-third of the people said they believed the economy was in recession today.
최근 여론 조사에서는 세 명 중에 거의 한 명의 사람들이 오늘날 경제가 불경기라고 믿고 있다고 말한다.

유 a. current

moreover
[mɔ́:rouvər]

adv. 게다가, 더욱이

Moreover, many things like furniture, wallpaper, and layer of paper towels gather mold, during the rainy season.
또한 장마철에는 가구, 벽지, 장판과 같은 많은 것들에 곰팡이가 생깁니다.

nuclear
[njú:kliər]

a. 핵의, 원자핵의

No new nuclear power plant has been built in the United States since the 1970s.
어떠한 새 원자력 발전소도 1970년대까지 미국에 건립되지 않았다.

유 a. central

presence
[prézns]

n. 존재, 출석

The guard's presence alone is insurance against unwanted outsiders.
경비원의 모습만으로도 원치 않는 외부인을 막는 보장이 됩니다.

반 n. absence

relative
[rélətiv]

n. 친척 **a.** 비교상의, 상대적인

His closest living relative now is his great-aunt, Olga, who lives in India.
그의 가장 가까운 살아있는 친척은 현재 인도에 살고 있는 큰 이모인 올가이다.

유 a. proportional

ruin
[rú:in]

n. 폐허, 파멸 **v.** 파멸시키다

The whole district lay in ruins because of the devastation of Hurricane Katrina.
그 지역 전체가 허리케인 카트리나의 참사로 인해 폐허가 됐다.

유 v. spoil, wreck

steep
[stí:p]

a. 가파른, 경사가 급한, 과장된, 터무니 없는

The major hotels have begun offering steep discounts for summer vacationers.
대형 호텔들이 여름 휴가객 유치를 위해 대폭 할인된 가격에 판매하기 시작했다.

sweat
[swét]

n. 땀, 고역, 힘드는 일 **v.** 땀 흘리다, 땀을 내다

Some card firms offer "sweat bonuses" to new employees.
일부 카드사에서는 신입사원에게 '성과급'을 지급한다.

territory
[térətɔ̀:ri]
영 [térətri]

n. 영토

He eventually became the top executive of a three-state territory.
그는 결국 3개 주 역내의 고위 간부가 되었다.

유 n. colony, possession

treaty
[trí:ti]

n. 조약

The new frontiers would be established by treaty.
새로운 국경은 조약에 따라 설치될 것이다.

warning
[wɔ́:rniŋ]

a. 경고의 **n.** 경고, 경보

Warning signs in English and Spanish were clearly posted throughout the country.
영어와 스페인어로 쓰인 경고 표지판들이 그 나라 전 지역에 걸쳐서 분명하게 붙어 있었다.

유 n. notice, alarm, alert

wound
[wú:nd]

n. 상처 **v.** 부상하게 하다

Animal bites, human bites and deep wounds should be evaluated by a medical specialist in case antibiotics are needed.
동물이 물거나, 사람이 물었을 때, 그리고 상처가 심한 것은 항생제가 필요할 경우 전문의에게 보여야만 한다.

aboard
[əbɔ́ːrd]
영 [əbɔ́ːd]

adv. 배로 **prep.** (배·열차·버스·비행기에) 타고

No one was aboard the carriage which first caught fire, no injuries were reported.
처음 불이 붙은 객차에는 아무도 타고 있지 않아서, 부상자는 없는 것으로 전해졌다.

유 adv. ashore

chief
[tʃiːf]

n. 장 **a.** 최고의

Currently, the chief executive officer also holds the position of board of directors.
현재 최고 경영자가 이사회 임원직을 겸임하고 있다.

유 a. main

damp
[dæmp]

a. 축축한 **n.** 습기

I wipe the surface with a damp cloth with a tiny bit of detergent, then a dry cloth.
나는 표면을 약간의 세제를 묻혀서 젖은 천으로 닦고 난 후, 마른 천으로 닦는다.

유 a. wet

dawn
[dɔːn]

n. 새벽 **v.** 날이 새다, 밝아지다, 나타나기 시작하다

It is open dawn to dusk from early spring until the first heavy snow.
그곳은 새벽부터 땅거미가 질 때까지 초봄부터 첫 폭설이 내릴 때까지 개장합니다.

유 n. daybreak

excellent
[éksələnt]

a. 우수한, 아주 훌륭한

Although he was capable of excellent public speaking, his voice was too hoarse.
그의 발표 능력은 뛰어났지만, 목소리는 너무 쉬어 있었다.

유 a. outstanding, perfect, superb

fair
[féər]

a. 공정한, 공평한 **adv.** 공명정대하게 **n.** 품평회, 박람회

The book Art Fair is now accepting applications for booth rental.
북 아트 박람회에서는 현재 부스 임대 신청을 받고 있습니다.

유 a. clear, ordinary
반 a. unfair

favor/favour
[féivər]

n. 호의, 친절한 행위 **v.** 호의를 보이다, 찬성하다

I need you to do a big favor for me.
어려운 부탁 좀 해야겠어요.

federal
[fédərəl]

a. 연방의, 연방 정부의

Remember, federal regulations prohibit smoking on all domestic flights.
모든 국내선의 흡연은 연방 법규에 의해 금지되었음을 기억해 주시기 바랍니다.

유 a. national 반 a. unitary

fierce
[fíərs]

a. 사나운, 격렬한

The competition for the 2014 Worldcup is as fierce as ever.
2014년 월드컵 유치 경쟁은 유례없이 치열합니다.

유 a. violent, intense, stormy
파 adv. fiercely 사납게 n. fierceness 사나움

flash
[flǽʃ]

n. 번쩍임, 번쩍하는 빛 **v.** 번쩍거리게 하다, 번쩍거리다

No flash photography or tripods are allowed in the museum.
박물관 내에서는 플래시나 삼각대 사용 불가합니다.

유 v. flicker

fold
[fóuld]

v. 접다, 끼다, 안다, 싸다 **n.** 주름

Suits will be drycleaned, pressed neatly folded, and returned the following day.
양복은 드라이클리닝한 뒤, 잘 다려서 포장하여 다음 날 배달해 드립니다.

유 v. bend

honor/ honour
[ánər]
영 [ɔ́nər]

n. 명예, 영광 **v.** 존경하다, 명예를 주다

My son graduated with honors in the top 3 percent of his class.
제 아들은 학급에서 상위 3퍼센트 내에 들며 우등으로(명예롭게) 졸업했습니다.

반 n. v. dishonor

increase
[inkríːs]

v. 늘다, 늘리다 **n.** 증가

Promotion or an increase in salary may be granted upon employee evaluation.
승진이나 봉급 인상은 직원 평가에 따라 이루어질 것이다.

유 v. raise, boost, intensify
　n. growth, inflation, rise

mercury
[mə́ːrkjuri]

n. 수은, 수은주

Heat the mercury thermometer on a light bulb for a few minutes before placing it in your mouth.
수은 온도계를 입 안에 넣기 전에 몇 분 동안 전구에 대우십시오.

minister
[mínəstər]

n. 성직자, 장관

The prime minister's speech lacked indications about interest-rate direction.
국무총리의 연설에는 이자율의 방침에 대한 제시가 빠져 있었다.

minor
[máinər]

a. 중요치 않은, 사소한, 2류의 **n.** 미성년자

You can use a coupon for the dry cleaning and mending of minor tears.
드라이클리닝과 사소한 수선은 쿠폰을 사용할 수 있습니다.

반 a. major

orbit
[ɔ́ːrbit]

n. 궤도, 생활의 궤도, 활동 범위

Earth orbit is a bit easier to get to than the moon.
지구 궤도는 달보다 도달하기가 약간 쉽다.

pirate
[páiərət]

n. 해적, 저작권 침해자 **v.** 약탈하다, 저작권을 침해하다

Surveys show that there is a whole lot of pirates out there marketing unauthorized music files.

최근 조사 결과에 따르면 허가 받지 않은 음악 파일들을 시판하는 엄청난 양의 저작권 침해 행위가 자행되고 있는 것입니다.

port
[pɔ́ːrt]

n. 항구, 항구 도시

The man was living in an abandoned bus in the port city of Yantai.

그 남자는 옌타이 항구 도시의 한 버려진 버스 안에서 살고 있었다.

유 n. harbor, dock, marina

separate
[sépərèit]

v. 가르다, 분리하다, 갈라지다, 분리되다 **a.** 갈라진, 따로따로의

I found actually keeping the emergency funds in a separate account helpful.

나는 비상금을 별도의 계좌에 넣어두는 것이 도움이 된다는 것을 알게 되었다.

유 v. divorce, disentangle
반 a. joint

slip
[slíp]

v. 미끄러지다, 미끄러지게 하다 **n.** 미끄럼, 실수

Singapore shares slipped 0.4 percent, while Taiwan's TAIEX lost 0.3%.

싱가포르 주식은 0.4% 떨어졌으며, 대만의 TAIEX 지수는 0.3% 하락했습니다.

유 v. creep, sneak, slink

split
[splít]

v. 쪼개다, 쪼개지다

Broil until potatoes begin to split and cheese begins to color, about 3 minutes.

감자가 갈라지기 시작하고 치즈가 노릇노릇해질 때까지 약 3분간 브로일러에 굽는다.

유 v. unite

spoil
[spɔ́il]

v. 망치다, 성격을 버리다, 상하다, 못쓰게 되다

This dairy product spoils when it's not in the refrigerator.

이 유제품은 냉장고에 보관하지 않으면 상한다.

squeeze
[skwíːz]

v. 압착하다, 꽉 쥐다

Understand that when you brush, you don't need a lot of toothpaste; just squeeze toothpaste out a bit the size of a pea.

양치질을 할 때, 당신은 많은 양의 치약이 필요 없다는 것을 알도록 하세요. 단지 콩알만큼의 치약을 짜면 됩니다.

유 v. move, act

standard
[stǽndərd]

n. 표준, 기준 **a.** 표준의

All new jeans now are produced to strict standards of quality.

모든 새 청바지들은 현재 엄격한 품질 기준에 따라 생산되고 있다.

유 a. common, basic, regular, acceptable

tap
[tǽp]

n. 꼭지, 가볍게 두드림 **v.** 가볍게 두드리다, 판로를 열다

Designer houses could tap into a giant market.

맞춤 주택은 거대 시장을 활용할 수 있을 것이다.

유 n. faucet v. pat

tear
[tíər]

n. 눈물 **v.** 눈물을 짓다

This makes me laugh so hard it brings tears to my eyes.

이것은 너무 웃겨서, 눈에서 눈물이 납니다.

유 n. teardrop

theme
[θíːm]

n. 주제

Songs are often related to other songs on the same album by a common theme.

같은 앨범 내의 노래들은 종종 다른 노래들과 공통된 주제로 연관되어 있다.

유 n. subject

Day 08

accompany
[əkʌ́mpəni]

v. 동반하다, ~을 수반하다

Children under 13 can come only when accompanied by an adult.
13세 이하 어린이는 어른과 동행할 경우에만 갈 수 있습니다.

⊕ phr. go with, tag along

baggage
[bǽgidʒ]

n. 수하물

Airlines may charge as much as $50 extra to take bikes as baggage, and they won't take a bike unless it's packed in a box.
항공사는 자전거를 수하물로 가져가려 할 때 50달러 정도의 추가 비용을 부가할 지도 모른다. 그리고 자전거를 박스에 포장하지 않으면 받지 않을 것이다.

⊕ n. luggage (英)

dishonor/ dishonour
[disánər]

n. 불명예 **v.** ~의 명예를 손상시키다

When the baby was born, the unmarried mother was cast out of her family in dishonor.
아기가 태어나면, 미혼모 엄마들은 불명예로 그녀의 가족들에게 추방당했다.

⊕ n. disgrace, shame ⊖ n. v. honor

drag
[drǽg]

v. 끌다, 질질 끌리다, 질질 오래 끌다

The woman is dragging the logs behind her through the forest.
여자가 숲속에서 통나무를 뒤에 질질 끌면서 가고 있다.

⊕ v. pull

extension
[iksténʃən]

n. 신장, 확장, 내선

To register for the workshop, please call Pat Morris on extension 406.
워크숍에 참가하려면 팻 모리스에게 내선 번호 406로 전화하세요.

⊕ n. enlargement

harvest
[háːrvist]

n. 수확, 수확기 v. 수확하다

They sowed three fields of wheat, but the first field was destroyed before it can be harvested.
그들은 세 곳의 밀밭에 씨를 뿌렸지만, 첫 번째 밭은 수확하기 전에 파괴되었다.

유 v. pick, gather

hollow
[hálou]

a. 속이 빈, 오목한

When the bread is done, it should sound hollow when tapped.
빵이 다 되었을 때, 두드리면 속이 빈 소리가 나야 합니다.

반 a. solid

laboratory
[lǽbərətɔ̀ːri]
영 [ləbɔ́rətəri]

n. 실험실

He was 88 and worked in his laboratory at Stanford University until a few days before his death.
그는 88세이고, 그가 죽기 며칠 전까지도 스탠포드 대학의 실험실에서 연구했다.

liquid
[líkwid]

n. 액체 a. 액체의

A container can be filled with liquid soap or detergent, which are dispensed as you wash your hands.
용기에는 액체비누나 세제를 채워 손을 씻을 때 뿌릴 수 있습니다.

반 a. solid

obtain
[əbtéin]

v. 얻다, 손에 넣다, 획득하다

We can obtain calories from one of the three possible sources: protein, carbohydrates and fat.
우리는 열량을 단백질, 탄수화물, 지방의 세 가지 공급원에서 얻을 수 있다.

physical
[fízikəl]

a. 육체의, 자연의

Our firm creates several generations of physical models before building the final one.
저희 회사는 최종 모델을 완성하기 전에 여러 단계의 실물 모델을 만듭니다.

poetry
[póuitri]

n. 시

The teachers give young students its word for poetry books.
교사들은 어린 학생들에게 시집을 추천한다.

반 n. prose

principle
[prínsəpl]

n. 원리, 원칙

The underlying principles are understood by only a few students.
몇 안 되는 학생들만이 기본 원리를 이해했다.

유 n. ethics, ideal, rule, law
파 a. principled ~주의의

puzzle
[pʌ́zl]

n. 수수께끼, 어려운 문제 v. 당황하게 하다, 머리를 짜다

Though, the specialists often encounter puzzled reactions from people.
하지만 전문가들은 종종 어리둥절하다는 일반인들의 반응을 접하곤 합니다.

release
[rilí:s]

v. 석방하다, 풀어놓다 n. 석방

A Los Angeles-based film company has announced plans to release the first cult film sometime next year.
로스앤젤레스에 본사를 둔 한 영화사는 내년쯤에 첫 번째 컬트 영화를 개봉할 계획이라고 발표했다.

respectful
[rispéktfəl]

a. 공손한, 경의를 표하는

You should treat everyone you meet in a nice, respectful manner.
당신은 만나는 모든 사람들에게 친절하고 공손한 태도로 대해야만 합니다.

파 adv. respectfully 공손하게

seed
[sí:d]

n. 씨 v. 씨를 뿌리다

We offer a complete line of top-quality turf and traditional seeds.
우리는 최고급 품질의 잔디와 전통적인 종자 전 품목을 갖추고 판매하고 있습니다.

settle
[sétl]

v. 놓다, 정주시키다, 해결하다, 자리를 잡다

They settled on the upper east side of Kemptville, Ontario.
그들은 온타리오 캠프빌 북동부 지역에 정착했습니다.

유 v. float

spare
[spέər]

v. 용서하다, 시키지 않다 **a.** 예비의, 결핍된

Our company produces camcorders and the spare parts for VCRs that are quite damaged.
우리 회사는 비디오 카메라와 예비 부속품들을 생산하는데, 이것들은 매우 손상되기 쉽습니다.

유 a. thin, unnecessary, lean

strip
[stríp]

v. 벗기다 **n.** 가늘고 긴 조각, 한 조각

Roll into a regular square about 15 inches long, 15 inches wide and cut into fifteen 8-inch-long strips.
15×15인치 크기의 정사각형으로 반죽을 민 후, 8인치 길이의 조각 15개로 자른다.

유 n. ribbon, band
반 v. dress

swamp
[swámp]

n. 늪, 습지 **v.** 늪에 빠지게 하다, 쇄도하다

The sales department was swamped with calls.
판매 부서로 전화가 폭주했다.

timber
[tímbər]

n. 재목, 숲

Timber cutting and logging operations had practically ceased.
벌목은 실질적으로 중단되었다.

유 n. lumber, forest

trade
[tréid]

n. 무역, 상업 **v.** 장사를 하다, 교환하다

After a decade of talks, China was finally admitted in the World Trade Organization.
10년 동안의 회담 끝에, 중국은 마침내 세계무역기구(WTO)에 가입되었다.

유 n. business, market, operation

transportation

[trænspərtéiʃən]
[trænspɔːtéiʃən]

n. 수송, 운송료

A must-have book for structural engineers, roadway safety planners, and transportation officials.

건설 기술자, 도로 안전 기획자, 교통 기관 공무원에게 꼭 필요한 책.

trial

[tráiəl]

n. 공판, 시도, 시험

Results from the clinical trials were submitted to the professors in graphic form.

임상 실험 결과를 그래프 형식으로 만들어 교수진에게 제출했다.

twist

[twíst]

v. 꼬다, 비틀어 돌리다, 뒤틀리다, 트위스트를 추다
n. 꼬임, 새 방식

This mechanical pencil operates with a twist mechanism and 0.3mm lead.

이 샤프펜슬은 새로운 방식으로 작동되며 0.3mm 심을 사용합니다.

유 v. bend, distort, deform
반 v. unbend, untwist

underwater

[ʌ̀ndərwɔ́ːtər]

a. 수면하의

Females lay large numbers of sticky, gelatinous eggs, which they deposit in puddles and underwater.

암컷은 많은 수의 끈적끈적한 젤라틴 타입의 알들을 낳는데, 그것들은 웅덩이와 수면 아래에서 탁란합니다.

유 a. aquatic, subsurface

width

[wídθ]

n. 폭, 너비, 가로

Its measurements : Length= 5ft (60 inches); Width = 30 inches; Height = 32 inches.

그것의 규격은, 길이 5피트(60인치), 넓이 30인치, 높이 32인치입니다.

유 n. breadth

Day 09

account
[əkáunt]

n. 설명, 계좌, 계산, 계산서 **v.** 생각하다, 설명하다

All accounts must be in the same region code.
모든 대금은 같은 지역 코드를 써야 한다.

approximately
[əpráksəmətli]

adv. 대략, 거의

The annual interest payments for those bonds are approximately US $10 million.
이 채권에 대한 연간 이자액은 대략 1천만 US달러입니다.

㊡ adv. nearly

attempt
[ətémpt]

v. 시도하다 **n.** 시도

Their final attempt to break the record had ended in disappointment.
기록을 깨려는 그들의 마지막 시도가 실망으로 끝났다.

㊡ n. effort, try
㊙ a. attempted 시도한

attraction
[ətrǽkʃən]

n. 끌어당김, 매력

The main attraction of the amusement park is a great rollercoaster that runs beneath a large fountain.
그 놀이 공원의 주된 매력은 거대한 롤러코스터가 커다란 분수 아래로 달리는 것이다.

㊧ n. repulsion

authorize
[ɔ́ːθəràiz]

v. 권위를 부여하다

The company returned the check because it lacked an authorizing signature.
그 회사는 위임자 서명이 되어 있지 않아서 그 수표를 되돌려 보냈다.

㊡ v. empower

belonging
[bilɔ́:ŋiŋ, -láŋ-]
영 [bilɔ́ŋiŋ]

n. 소유물, 소지품

These customers are guaranteed to take metal baskets for the belongings or a desk calendar.
이들 손님들은 소지품들을 담을 수 있는 금속제 바구니나 탁상달력을 경품으로 받게 된다.

command
[kəmǽnd]
영 [kəmáːnd]

v. 명령하다, 지휘하다 n. 명령, 지배력

You must know the word of command, if you want to use it.
그것을 이용하고 싶다면 명령어를 알아야만 한다.

유 v. order, demand, lead

compensate
[kámpənsèit]
영 [kɔ́mpənsèit, -pen-]

v. 보상하다

The government will reduce corporate tax rates to compensate for the pension increase.
정부는 연금 인상에 대한 보상으로 법인세 비율을 낮출 것이다.

complimentary
[kàmpləméntəri]
영 [kɔ̀mpləméntəri]

a. 칭찬하는, 무료의

On the table, you can also find complimentary juice and fruit.
테이블 위에는 또한 무료 주스와 과일이 있습니다.

유 a. free

compound
[kámpaund]
영 [kɔ́mpaund]

a. 합성의 n. 혼합물, 화합물 v. 혼합하다, 합성하다

It is also helpful in determining the structure of organic compounds.
이것은 또한 유기 화합물의 구조를 파악하는 데도 도움이 된다.

contract
[kántrækt]

n. 계약, 계약서 v. 계약하다, 수축시키다, 줄어들다

Once the contract is signed, you should agree to grant all of its provisions.
일단 계약서에 서명하면, 당신은 계약서의 모든 조항들을 인정하겠다고 동의해야 합니다.

dare
[dɛ́ər]

v. 감히하다, 무릅쓰다, 도전하다

I helped him in all kind of chores but I did not dare to leave the house.
나는 그의 모든 종류의 허드렛일을 도와주었지만, 집 밖을 나갈 엄두를 내지 못했습니다.

유 v. venture

direct
[dirékt, dai-]

v. 지도하다, 돌리다 **a.** 똑바른, 직접의 **adv.** 곧장, 직접으로

More vegetables are sold if they are delivered direct to the home.
그들이 직접 집으로 배달을 해 준다면 더 많은 야채가 판매될 것이다.

유 a. upfront, man-to-man
반 a. indirect, inverse

encourage
[inkə́:ridʒ]

v. 용기를 북돋우다, 장려하다

We encourage you to follow these easy steps to reduce taxes.
세금을 줄이려면 다음 간단한 몇 가지 단계를 따르실 것을 권하는 바입니다.

유 phr. cheer up, v. cheer, uplift
반 v. discourage

examine
[igzǽmin]

v. 검사하다, 진찰하다, 시험하다

Before signing any partnership agreement, thoroughly examine all options.
어떤 기업 제휴 협약을 체결하기 전에 모든 선택의 여지를 철저히 검토하시오.

유 v. review, study, discuss

express
[iksprés]

v. 표현하다 **a.** 명시된, 운송편의

Decorating your home should be an opportunity to express your individual style.
당신의 집을 꾸미는 것은 당신 자신의 스타일을 표현하는 기회여야만 합니다.

유 v. show, represent

justify
[dʒʌ́stəfài]

v. 옳다고 하다, 정당화하다

His behaviors on the issue was hard to justify.
그 문제에 대한 그의 행동을 정당화하기는 어려웠다.

notable
[nóutəbl]

a. 주목할 만한

The program's notable event is a Santa Claus will take pictures with the kids.
프로그램 중 주목할 만한 행사는 산타클로스가 어린이들과 함께 기념사진 촬영을 하는 것이다.

㊜ a. known, worthy

passage
[pǽsidʒ]

v. 일절, 한 구절, 통행, 통로

According to the documentary evidence, however, these two passages originally came from quite separate sources.
이 증거 서류에 의하면, 이 두 지문은 원래 아주 다른 출처에서부터 나온 것이었다.

rate
[réit]

n. 비율, 요금, 등급 **v.** 평가하다, 어림되다, 평가되다

This rate is for non-heating customers.
이 요금은 난방비를 낼 필요가 없는 고객에 해당되는 것입니다.

㊜ n. speed, pace, charge, fee

regard
[rigá:rd]

v. ~으로 여기다, 보다 **n.** 관계, 고려

This computer was regarded as one of the best-selling computers in the market.
이 컴퓨터는 시중에서 가장 잘 팔리는 컴퓨터 중 하나로 간주됐다.

㊜ v. find, consider, describe

relief
[rilí:f]

n. 제거, 경감, 돋을새김

Be informed that this treatment can provide temporary relief of symptoms.
이 치료는 증상을 일시적으로 완화시켜 줄 수 있는 것임을 주시하십시오.

㊜ n. comfort, reassurance, consolation

seek
[sí:k]

v. 찾다, 찾아내다, 추구하다, 수색하다

I am seeking a recipe to make the Pasta Rosata like I ate at Olive Garden.
나는 내가 올리브 가든에서 먹었던 것과 같은 파스타 로사타를 만드는 조리법을 구하고 있습니다.

㊜ v. pursue, phr. go after

shift
[ʃíft]

v. 방향을 바꾸다, 바뀌다 **n.** 변화, 교대

For every three-and-a-half-hour shift, clerks are entitled to a ten-minute break.
3시간 반마다 교대를 할 때 점원들은 10분간 휴식을 취할 수 있습니다.

유 v. change, convert, exchange, commute

sort
[sɔ́ːrt]

n. 종류 **v.** 분류하다, 가려내다

Until then, mail will be stored and sorted in the post office.
그때까지는, 우체국에 우편물이 보관, 분류될 것입니다.

유 n. kind

statue
[stǽtʃuː]

n. 상, 동상

Next year, statues will be erected in honor of your great sacrifice and service to the country.
내년에 국가에 대한 당신의 크나큰 희생과 공헌을 기리기 위한 동상들이 세워질 것입니다.

파 a. statued 조각상으로 장식한

surrounding
[səráundiŋ]

a. 주위의 **n.** 주변, 환경

There are several camp sites and hotels in the surrounding area.
인근 지역에 여러 야영지들과 호텔들이 있습니다.

willing
[wíliŋ]

a. 기꺼이 ~하는

Anyone willing to work through the weekends should speak to the personal department.
누구든 주말에 근무를 하고자 하는 사람은 인사부에 미리 말해야 한다.

유 a. happy, ready, voluntary 반 a. unwilling

wonder
[wʌ́ndər]

n. 경탄할만한 것, 경이
v. 이상하게 여기다, ~이 아닐까 생각하다

I don't recall many wonders of wildlife in Africa.
나는 아프리카 야생 생물들의 많은 경이로움들이 생각나지 않습니다.

Day 10

astonishing
[əstániʃiŋ]
영 [əstɔ́niʃiŋ]

a. 놀라운

His capacity for learning foreign languages is quite astonishing.
그의 외국어 학습 능력은 매우 놀랍다.

유 a. amazing

atmosphere
[ǽtməsfiər]

n. 대기, 공기, 분위기

There will be more carbon dioxide in the atmosphere in 2009 than in 1999.
1999년보다 2009년에 대기 중에 더 많은 이산화탄소가 있을 것이다.

유 n. climate, mood, tone

attach
[ətǽtʃ]

v. 붙이다, 달다

I am attaching an image file here with a correct comparison of these two pictures.
저는 이 두 가지 그림들을 정확하게 비교하기 위해 이미지 파일을 이곳에 첨부하였습니다.

유 v. tie, fix, put, stick
반 v. detach

author
[ɔ́:θər]

n. 저자, (한 작가의) 작품

He is the author of several bestselling books, including A Growing City.
그는 '성장하는 도시'를 포함한 여러 권의 베스트셀러를 낸 저자이다.

authority
[əθɔ́:rəti, əθár-]
영 [ɔ:θɔ́rəti]

n. 권위, 권한

The agency also was given the authority to set standards for reduced-risk products.
그 기관은 또한 상품의 위험을 줄이는 기준을 정하는 권한이 주어졌다.

bother
[báðər]

v. 괴롭히다, 걱정하다

It bothers me when I see things about my past.
제 과거와 관련된 얘기들이 저를 괴롭게 합니다.

파 a. bothersome 귀찮은, 성가신

cargo
[ká:rgou]

n. 뱃짐, 화물 **v.** (짐을) 싣다, 수송하다

About 80% of the world's trade is transported in cargo containers.
세계 무역의 약 80%가 화물 컨테이너로 운송된다.

유 n. goods, load

cast
[kǽst, ká:st]
영 [ká:st]

v. 던지다, 배정하다, 주조하다 **n.** 던지기, 주형

Copper and magnesium are commonly cast using this process.
구리와 마그네슘은 보통 이런 과정을 거쳐 주조됩니다.

유 v. throw

chemical
[kémikəl]

a. 화학의 **n.** 화학 제품

The newly developed fire extinguishers spray water, carbon dioxide gas, or dry chemicals.
새로 개발된 소화기는 물이나 탄산가스, 또는 건성 화학 물질을 분사한다.

clue
[klú:]

n. 실마리

The forensics team turned the whole house upside down looking for clues.
과학 수사팀은 단서를 찾기 위해 그 집 전체를 샅샅이 뒤졌다.

파 a. clueless 단서가 없는, 오리무중의

colony
[káləni]

n. 식민지

The colony was conquered by the Spanish and became extinct in 1641.
그 식민지는 스페인에 의해 정복당했고, 1641년 멸망했습니다.

demand
[dimǽnd]
영 [dimάːnd]

v. 요구하다, 필요로 하다, 묻다   n. 요구, 수요

This prolongs the life of your clothing and reduces your energy demands.
이것은 옷의 수명을 늘리고, 에너지 수요를 줄입니다.

유 phr. ask for, v. need

earn
[ə́ːrn]

v. 벌다, 획득하다

He started earning a living by working at a grocery store, and later moved to Chicago.
그는 식품점에서 일하면서 생계비를 벌기 시작했고, 후에 시카고로 이사했다.

employment
[implɔ́imənt]

n. 사용, 고용, 일자리

Ralph Shaffer retired from Disney in 2002 after 38 years of employment.
랄프 샤퍼는 38년의 근무 기간 후에 2002년 디즈니에서 퇴직했다.

frighten
[fráitn]

v. 소스라쳐 놀라게 하다, 무서워하다, 기겁하다

I remember as a child, the very idea of it frightened me to death.
나는 아이였을 때를 기억하는데, 그 생각만으로도 까무러칠 만큼 오싹하다.

유 v. scare, alarm, terrify
파 a. frightened 깜짝 놀란, 겁이 난, 무서워하는

function
[fʌ́ŋkʃən]

n. 기능, 직능   v. 기능을 하다, 작동하다

Once it is in the piggy bank, it isn't really functioning as money any more.
그것이 일단 저금통에 있다면, 그건 돈으로써의 진짜 기능을 더 이상 하지 않고 있는 것이다.

유 n. use, purpose   v. operate

immediately
[imíːdiətli]

adv. 곧, 즉각

Purchase orders are processed immediately upon receipt of your order confirmation.
구매 주문은 주문 확인서를 받는 즉시 처리된다.

유 adv. at once, soon

investment
[invéstmənt]

n. 투자, 투자금

All of these measures are geared to bring you more return on your stock investment.
이 모든 조치들은 여러분의 주식 투자에 보다 많은 이익을 드리고자 하기 때문입니다.

유 n. grant, funding, subsidy

lawn
[lɔ́ːn]

n. 잔디, 잔디밭, 빈 터

We are looking for a man to mow the lawn.
우리는 잔디를 깎을 사람을 찾고 있습니다.

유 n. glade

maple
[méipl]

n. 단풍나무

Paulownia furniture is twice as stable as solid maple hardwood furniture.
오동나무 가구는 견고한 단풍나무 가구보다 2배 정도 더 견고합니다.

mention
[ménʃən]

v. 간단히 말하다, 언급하다 **n.** 언급

If you mention this ad, we will take five percent off the list price.
귀하가 이 광고를 보셨다고 말씀하시면, 정가에서 5%를 할인해 드립니다.

유 phr. refer to, v. speak, cite, quote

outer
[áutər]

a. 밖의, 바깥의

When I explain it to him, he looks at me like I'm from outer space.
제가 그에게 그것을 설명할 때, 그는 마치 제가 외부 세계에서 온 것처럼 봅니다.

반 a. inner

quality
[kwáləti]
영 [kwɔ́ləti]

n. 특성, 품질

The secret of its richer flavor is in the quality of the ingredients.
그것의 깊은 맛의 비밀은 재료의 질에 있다.

유 n. characteristic
반 n. quantity

struggle
[strʌ́gl]

v. 발버둥치다, 분투하다 **n.** 발버둥질, 노력

He struggled himself to try to finish the job quickly.
그는 기를 쓰고 그 일을 빨리 끝내려고 했다.

유 v. compete, contend

sudden
[sʌ́dn]

a. 돌연한, 갑작스러운

A sudden drop in temperature will cause many more animal's deaths by starvation.
기온이 갑자기 떨어지면 식량 부족으로 더 많은 동물들이 죽을 것이다.

유 a. impetuous, rash

suit
[súːt]
[sjúːt]

n. 정장, 소송 **v.** 적응시키다, 어울리다

However, if you don't want to stand out that much, just adding a pink tie to your classic suit can help.
하지만, 그렇게까지 튀고 싶지는 않다면 양복 정장에 분홍색 넥타이 정도만 걸쳐도 계절을 표현하는 데 도움이 될 것이다.

tremble
[trémbl]

v. 떨다 **n.** 떨림

He was trembling so strongly that he could not carry out simple physical tasks.
그는 심하게 몸을 떨어서, 단순한 신체 작업들을 수행할 수 없었다.

유 v. shake

typical
[típikəl]

a. 전형적인

A typical workday is 12 hours, plus calls at home and some weekend work.
전형적인 근무일은 12시간이고, 집에서의 전화와 가끔 주말 근무가 있다.

유 a. characteristic, symbolic, representative
반 a. atypical

vapor/vapour
[véipər]

n. 증기

The vapor rising off of the ocean produces much fog at dawn.
바다에서 증발되는 증기들이 새벽에 많은 안개를 만든다.

Day 11

adapt
[ədæpt]

v. 적응시키다, 개조하다, 개작하다

They should be original, adapted, or family recipes.
그것들은 독창적이거나, 변형되었거나, 가정에서 전해 내려오는 조리법들이어야 합니다.

㊡ v. modify

admit
[ædmít]
형 [ədmít]

v. 들이다, 인정하다, 허락하다

This machine is made, we have to admit, with a total disregard for expenses.
이 기기는 비용에 구애받지 않고 만들어졌다는 것을 우리는 인정해야 합니다.

㊡ v. receive, allow

advantage
[ædvǽntidʒ]

n. 유리, 유리한 점

Many skilled immigrants are one of our greatest advantages.
많은 기술있는 이민자들은 우리의 가장 큰 잇점 중에 하나입니다.

affair
[əfέər]

n. 사건, 일거리, 사무, 정사

His uncle one day entrusted her financial affairs to her accountant.
그의 삼촌은 어느 날 회계사에게 재정 업무를 일임했다.

㊡ n. event, business, thing

affect
[əfékt]

v. ~에 영향을 미치다, 침범하다, 감동시키다

The decision won't affect public safety and conveniences.
그 결정은 시민 안전과 편의에 영향을 미치지 않을 것이다.

㊡ v. attack, touch

canyon
[kǽnjən]

n. 깊은 협곡

Travelers almost always express amazement at the view of the Grand Canyon.
여행객들은 그랜드 캐년의 광경을 보면 거의 누구나 놀라움을 나타낸다.

유 n. valley

catalog/ catalogue
[kǽtəlɔ̀ːg, -làg]
영 [kǽtəlɔ̀g]

n. 목록, 일람표 **v.** 목록을 작성하다

I am enclosing our catalog and advertising leaflet for your review.
검토할 수 있도록 목록과 신문의 삽입 광고를 동봉합니다.

circuit
[sə́ːrkit]

n. 순회, 빙 둘러서 감, (전기)회로

Don't create a space between these two circuit breakers to install the new circuit breaker.
이 두 개의 회로 차단기 사이에 새로운 차단기를 설치하기 위한 공간을 만들지 마십시오.

column
[kάləm]
영 [kɔ́ləm]

n. 기둥, 원주

Many well-polished white marble columns are at the top of the steps in the building.
건물 안에는 잘 닦인 많은 흰색 대리석 기둥들이 계단 꼭대기에 있다.

comfortable
[kʌ́mftəbl, -fərtə-]

a. 기분 좋은, 편안한, 안락한

Wear this comfortable shoes, you will find yourself walking for miles unknowingly.
편안한 이 운동화를 착용하면, 당신은 수 마일을 부지불식간에 걸어가고 있는 자신을 발견하게 될 것입니다.

유 a. cosy, snug, homely

consist
[kənsíst]

v. 되어있다, 있다

Body Mint consists of a chlorophyll derivative extracted from plants.
바디 민트의 성분은 식물에서 뽑아낸 엽록소 추출물로 이루어집니다.

유 phr. be made up, v. lie

correspond
[kɔ̀ːrəspánd, kàr-]
명 [kɔ́ːrəspànd]

v. 일치하다, 상당하다, 교신하다

The figures with the original amount do not correspond to those written in the report.
원래 금액은 보고서에 적힌 것과 일치하지 않는다.

반 v. disagree

diagram
[dáiəgræ̀m]

n. 도형, 도표

The wiring diagrams use numbers instead of these letters so it was no help.
배선도는 이러한 글자들 대신 숫자들을 사용하기 때문에 도움이 되지 않는다.

drift
[dríft]

n. 표류, 흐름 **v.** 표류하다

If the government permits the domestic economy to drift and decline, the poor will suffer most.
정부가 우리 경제를 표류하고 쇠퇴하도록 내버려둔다면, 빈곤층이 가장 큰 고통을 겪게 될 것입니다.

유 v. float

enable
[inéibl, en-]

v. 할 수 있게 하다, 가능하게 하다

The revised law enables us to receive a paid maternity leave.
그 개정된 법으로 우리들은 유급 출산 휴가를 받을 수가 있다.

유 v. allow, permit
반 v. disable

equipment
[ikwípmənt]

n. 장비, 비품

All of our major appliances come with new equipment warranties!
우리 회사의 주요 가전제품의 모든 것을 구입할 시에는 새로운 제품 보증서를 드립니다!

유 n. material, gear, kit

extra
[ékstrə]

a. 여분의, 추가의 **n.** 할증 요금 **adv.** 여분으로, 특별히

Internet lines can be installed at no extra charge.
인터넷 회선은 추가 부담 없이 가설하실 수 있습니다.

lengthen
[léŋkθən, lénθ-]
영 [léŋkθən]

v. 길게 하다, 연장하다, 늘어나다

If your tires are two year old or less, you may lengthen its useful life even more.

타이어가 2년이 안 됐을 경우에는 그 수명을 더 늘릴 수도 있습니다.

- phr. make longer, grow longer
- v. shorten

load
[lóud]

n. 적재 하물 **v.** ~에 짐을 싣다, 탄알을 재다

Because of its cheap price and its ability to carry heavy loads it is the most common wagon in rural areas.

그것의 싼 가격과 무거운 짐을 나르는 능력 때문에 그것은 농촌에서는 가장 흔한 수레이다.

- n. burden v. charge

male
[méil]

n. 남자 **a.** 남자의

No matter how old you are, no matter you are male or female, don't be shy.

당신이 몇 살이든, 남자이든 여자이든 상관없이, 부끄러워하지 마세요.

- n. a. female

marginal
[má:rdʒinl]

a. 변두리의, 한계의

But the effects have only been marginal so far.

하지만 그 효과는 지금까지 미미했다.

- a. narrow, minimum, minimal

proceed
[prəsí:d]

v. 나아가다, 가다, 속행하다, 착수하여 계속하다

There are still more regulatory hurdles before construction can proceed.

공사 진행에 앞서 많은 법적 장애가 여전히 남아있다.

- v. discontinue

publish
[pʌ́bliʃ]

v. 발표하다, 출판하다

Their reports will be published together in a later supplement.

그들의 보고서는 함께 추후 증보판에 실릴 것이다.

- v. issue, release, advertise

revolution
[rèvəlúːʃən]

n. 혁명, 대변혁, 회전

As a result of the digital revolution, some theater operators may be bruised and blooded.

디지털 혁명의 결과로 인해, 여러 극장업자들이 타격을 입게 될지도 모릅니다.

유 n. riot, revolt, rebellion
파 revolutionary 혁명의

terror
[térər]

n. 공포, 테러

The end of the war on terror is worth much more to us than Iraq's oil.

테러와의 전쟁을 종식시키는 것은 우리에게 있어 이라크의 기름보다 더 의미가 있다.

유 n. fear

trouble
[trʌ́bl]

n. 불편, 폐, 문제점 **v.** 괴롭히다, 수고를 끼치다

Mr. Carter got himself in trouble by failing to acknowledge his wife's birthday.

카터 씨는 부인의 생일을 알아채지 못해 난처하게 되었다.

유 n. unrest, disturbance, disorder

undoubtedly
[ʌndáutidli]

adv. 의심할 여지없이, 확실히

Mr. Sanders will undoubtedly be promoted to sales manager next year.

샌더스 씨는 내년에는 틀림없이 영업 부장으로 승진될 것이다.

유 phr. beyond question, adv. undeniably, positively

urgent
[ə́ːrdʒənt]

a. 긴급한, 죄어치는

We may need an urgent delivery of cupcakes or maybe even pies.

컵케이크나 혹은 아마 파이류까지도 긴급 배달을 필요로 할 것이다.

유 a. pressing, burning, compelling

Day 12

access
[ǽkses]

n. 접근, 접근 방법, 진입로

An access road is needed to link the high school to the middle school.
고등학교에서 중학교로 통하는 진입로가 있어야 합니다.

㊞ n. entry, admission, entrance

accomplish
[əkɑ́mpliʃ, əkʌ́m-]
영 [əkʌ́mpliʃ, əkɔ́m-]

v. 이루다, 달성하다, 완주하다

We are excited about the work it will allow us to accomplish.
우리가 그것으로 인해 달성하게 될 일에 관해 흥분됩니다.

㊞ v. implement, phr. follow through

accuse
[əkjúːz]

v. 고발하다, 비난하다

Most people accused Tehran of seeking nuclear weapons.
대부분의 사람들은 테헤란의 핵무기 개발을 비난했습니다.

㊞ v. charge, prosecute, indict

adhere
[ædhíər, əd-]

v. 들러붙다, 집착하다, 고수하다

He adheres to a strict routine of meditation, exercise and reading.
그는 명상, 운동, 그리고 독서의 엄격한 일과를 고수하고 있다.

㊞ v. stick, attach

adjust
[ədʒʌ́st]

v. 조절하다, 조정하다

The office chairs can be adjusted manually for height.
그 사무용 의자는 수동으로 높이를 조절할 수 있다.

㊞ v. adapt, modify
㊕ a. adjustable 조정할 수 있는
  a. adjusted 조절된

aid
[éid]

v. 돕다, 촉진하다 **n.** 도움, 원조

First aid in the park is provided by certified emergency medical guides.
공원에서의 응급 처치는 자격증을 가진 응급 의료 가이드들에 의해 제공되고 있습니다.

유 v. help, promote

argue
[áːrgjuː]

v. 논하다, 주장하다, 설득하다

Some critics argued that it is better than the original work itself.
몇몇 비평가들은 그것이 원작 그 자체보다 더 낫다고 주장했다.

유 v. dispute, discuss, maintain

bill
[bíl]

n. 계산서, 청구서, 지폐, 법안 **v.** ~에게 계산서를 보내다

I'd like to request a copy of the bill to ensure that I was not overcharged for communication costs.
혹시 전화비에 대해 과당 청구가 된 것이 아닌지 확인할 수 있도록 고지서를 한 부 부탁하겠습니다.

유 n. account, note

burst
[báːrst]

v. 파열하다, 터뜨리다 **n.** 파열, 돌발

First, the electricity was turned off, and then, to add insult to injury, a pipe burst in the kitchen.
먼저 전기가 나갔는데, 게다가 설상가상으로 부엌에서 파이프가 파열됐어.

반 v. implode

citizen
[sítəzən, -sən]

n. 공민, 시민

Every citizen is under an obligation to pay his or her fair share of taxes.
모든 시민 개개인은 자신에게 합당한 만큼의 세금을 내야 할 의무가 있습니다.

유 n. civilian

dash
[dǽʃ]

v. 내던지다, 충돌하다, 끼얹다 **n.** 돌진, 충돌

He jumped off the bus and made a dash for the nearest store.
그는 버스에서 내려 가장 가까운 상점으로 돌진했다.

유 v. fling, hurl, shatter, sprinkle

· Part 1 - Day 12 · 79

degree
[digríː]

n. 정도, 학위, 도(度)

Today's high was expected to reach 8 degrees and the overnight low will be 3 degrees.
오늘은 최고 기온은 8도를 기록하겠으며, 밤사이 최저 3도까지 내려가겠습니다.

유 n. grade

dip
[díp]

v. 담그다, 담가서 물들이다

Dip each piece of chicken in hot sauce mixture and return to flat plate.
각각의 닭고기 조각을 매운 소스 혼합물에 담근 후, 평평한 팬에 돌려놓는다.

유 v. immerse

dull
[dʌ́l]

a. 무딘, 둔한, 어리석은, 흐린

Most cartoon characters look dull, but this one is original and cute.
대부분의 만화 캐릭터들은 멍청하게 생겼지만, 이건 독창적이고 귀엽습니다.

유 a. dim, stupid, cloudy
반 a. sharp, keen, vivid

dust
[dʌ́st]

n. 먼지 **v.** 뿌리다

A yellow dust storm from the Gobi Desert will continue to affect the nation on Thursday.
고비 사막에서 발생한 황사가 목요일에도 계속해서 전국에 영향을 미칠 전망이다.

fellow
[félou]

n. 사나이, 녀석, 동료 **a.** 동료의, 친구의

Hundreds of his fellow actors and entertainers attended his funeral.
수 백명의 그의 동료 연기자들과 연예인들이 그의 장례식에 참석했다.

goods
[gúdz]

n. 상품, 화물

If you own a sporting goods store, consider donating some sports equipment to a local league.
스포츠 용품 가게를 소유하고 있다면, 일부 스포츠 품목들을 지역 리그에 기부하는 것을 고려해 주십시오.

interruption
[ìntərʌ́pʃən]

n. 중단, 방해

I wish it was possible to study without interruption in this space.
나는 이 공간에서 방해 받지 않고 공부할 수 있기를 원한다.

magnetic
[mægnétik]

a. 자석의, 매력있는

The clothes have a patented magnetic closure that allows little fingers to do the work.
그 옷은 특허 받은 자석으로 끝단을 처리해 어린이들의 작은 손으로도 손쉽게 옷을 입을 수 있다.

유 a. attractive, attractable
반 a. antimagnetic

majority
[mədʒɔ́:rəti, -dʒár-]
영 [mədʒɔ́rəti]

n. 대부분, 대다수

The majority of our products we export directly to South America.
우리는 제품 대부분을 남미로 직수출한다.

반 n. minority

material
[mətíəriəl]

n. 재료, 용구 **a.** 물질의, 물질적인

The increase came on top of a 20 percent rise in raw material costs last year.
이런 가격 상승 추세는 원자재 가격이 20퍼센트나 올랐던 지난해에 이은 것이다.

유 n. substance, chemical, raw

measure
[méʒər]

v. 재다, 측정하다 **n.** 측정, 계량법, 수단

Each box weighs 500 pounds, and measures $80 \times 80 \times 120$ inches.
상자 당 무게는 500파운드이며, 크기는 가로 80, 세로 80, 높이 120인치입니다.

performance
[pərfɔ́:rməns]

n. 실행, 성과, 공연

You will not be admitted to the theater after the performance has started.
공연이 시작되고 난 뒤에는 극장으로 입장할 수 없습니다.

유 n. show, production, display

rage
[réidʒ]

n. 격노, 대유행 v. 격노하다

We are filled with so much anger and rage toward the local government.
우리는 지방 정부에 대한 짜증과 분노로 꽉 차 있습니다.

유 n. fury, violence

ripe
[ráip]

a. 익은, 원숙한

The red pepper would not be ripe for another three weeks.
고추는 앞으로 3주는 지나야 익을 것이다.

유 a. ready, late, mature, aged
반 a. green

select
[silékt]

v. 고르다, 뽑다 a. 고른, 정선한

Select a chemical deicer that is cheap and melts a large volume of snow.
값이 싸고, 많은 양의 눈을 녹이는 제설제를 선택하세요.

유 v. choose
파 a. selective 선택하는

solid
[sálid]
영 [sɔ́lid]

a. 고체의, 견고한, 견실한

These furnitures are all finely crafted from solid wood.
이 가구들은 모두 견고한 나무로 정교하게 제작된 제품입니다.

유 a. stiff, rigid, firm, hard
반 a. liquid, gaseous, hollow

stage
[stéidʒ]

n. 단계, 시기, 무대 v. 상연하다

If possible, we would need a large stage to be assembled.
가능하다면, 사람들이 모일 수 있는 큰 무대가 필요합니다.

유 n. period, phase, position

tolerance
[tálərəns]
영 [tɔ́lərəns]

n. 관용, 인내력, 내성

He's hoping his story will encourage people to show more tolerance.
그는 자신의 이야기를 통해 사람들이 보다 열린 마음을 가지게 되기를 기대하고 있다.

반 n. intolerance

Day 13

accordance
[əkɔ́ːrdəns]

n. 일치, 조화

Your remarks are out of accordance with what you've written to me earlier.
네 말들은 네가 일전에 내게 편지 쓴 것과는 일치하지 않는다.

approval
[əprúːvəl]

n. 찬성, 승인, 허가

In addition, paid annual leave must have prior written approval from Human Resources.
그밖에도 연차는 인사부로부터 사전에 서면 허가를 받아야 합니다.

유 n. acceptance, agreement
반 n. disapproval

bet
[bét]

v. 내기를 걸다, 단언하다, 보증하다 **n.** 내기

Here are a few certain ways to lose money by betting on a horse race.
경마에 내기를 거는 것으로 돈을 잃는 확실한 몇 가지 방법들이 여기에 있다.

유 v. gamble

commitment
[kəmítmənt]

n. 언질, 공약, 위탁

Due to a previous commitment, he was unable to stay for dissert.
선약이 있어서, 그는 디저트가 나올 때까지 머물 수가 없었다.

construction
[kənstrʌ́kʃən]

n. 건조, 건설, 구조

As you know, construction on this railway line will begin November 1.
아시다시피, 11월 1일에 철도 공사를 착수하게 됩니다.

반 n. destruction

crash
[kræʃ]

n. 와르르, 쿵, 추락, 충돌 **v.** 굉장한 소리를 내다

Three cars were involved in the crash that happened early morning.
이른 아침 세 대의 차량이 추돌하는 사고가 발생했습니다.

❀ v. slam, collide, smash

decision
[disíʒən]

n. 결정, 결심

Almost 85 percent of the decisions about what to buy or wear are made by women.
무엇을 사고, 입는지를 결정하는 것의 거의 85%는 여자가 한다.

❀ n. determination
⚡ n. indecision, indecisiveness

diameter
[daiǽmətər]

n. 지름, 직경, ~배 (렌즈의 확대 단위)

The specifications call for circles ten inches in diameter, with an error tolerance of 0.007mm.
그 내역서에 따르면 직경 10인치인 원이 필요한데, 오차 허용범위는 0.007mm이다.

eligible
[élidʒəbl]

a. 적격의, 자격이 있는 **n.** 적임자

Housewives as well as university students will be eligible.
대학생은 물론 주부들도 응모 가능하다.

❀ a. desirable, suitable

eventually
[ivéntʃuəli]

adv. 결국, 마침내

Our business performances will eventually be severely reduced.
결국에 가서는 우리의 영업 실적도 심하게 감소할 것입니다.

❀ adv. finally, at last

extraordinary
[ikstrɔ́ːrdənèri, èkstrəɔ́ːr-]
⚡ [ikstrɔ́ːdənəri, èkstrəɔ́ːl-]

a. 비상한, 색다른, 괴상한, 임시의 **n.** 특별 수당

Little children always leave extraordinary fellows entirely out.
어린 아이들은 항상 특이한 아이들을 따돌린다.

❀ a. exceptional, peculiar, eccentric, additional

failure
[féiljər]

n. 실패, 실패자

Critics say the board's failure to finalize the talks is to blame for the crisis.
이사회가 협상을 확정하는 데 실패한 것이 위기를 초래했다는 비난이 나오고 있다.

반 n. success

familiar
[fəmíljər]

a. 잘 알려진, 잘 아는 **n.** 친구, 친한 사람

The reporter quoted unnamed sources it said were familiar with the details.
리포터는 세부 사항에 정통한 것으로 알려진 익명의 소식통을 인용했다.

유 a. intimate, common, close, usual

figure
[fígjər]
영 [fígə]

n. 숫자, 계산, 그림, 수치 **v.** 계산하다, 생각하다

Figures for May show an 18 percent rise in commuters who drive to work alone from a year ago.
5월 수치는 혼자서 차를 이용하는 통근자가 1년 전보다 18% 증가했음을 나타낸다.

유 n. number, statistics, fraction
반 n. ground

gathering
[gǽðəriŋ]

n. 모임, 군중, 수집품

This is a great place for meeting or small gatherings.
이곳은 회의나 소규모 모임에 아주 좋은 장소입니다.

유 n. meeting

glow
[glóu]

n. 백열, 달아오름 **v.** 백열하다, 시뻘겋게 되다, 빛을 내다

Our products are guaranteed to glow for more than twenty years.
저희 제품은 20년 넘게 사용해도 여전히 빛을 발한다는 점을 보증합니다.

grand
[grǽnd]

a. 웅장한, 위엄 있는, 위대한 **n.** 그랜드 피아노

The department store will have its grand opening February 15, 2010.
백화점은 2010년 2월 15일 대 개장을 할 예정이다.

유 a. majestic, important, large, big

local
[lóukəl]

a. 공간의, 지방의, 완행의　**n.** 보통 열차/버스

If you have any questions, please contact your local Internet service provider.
궁금하신 내용이 있으면, 지역 인터넷 서비스 제공자에게 연락해 주십시오.

- 유 a. topical, localized
- 반 n. express

multiple
[mʌ́ltəpl]

a. 복합적인, 다중의

The events will take place at multiple venues throughout the country.
이 행사들은 전국에 있는 여러 곳에서 동시에 펼쳐진다.

- 유 a. multiplex, double
- 반 a. single

official
[əfíʃəl]

n. 공무원　**a.** 공의, 공식의

For convenient reasons, the officials all rode in separate cars.
편리함을 이유로, 관리들은 각기 다른 차에 탔다.

- 유 n. officer

practical
[prǽktikəl]

a. 실제의, 실제적인, 실용적인

The island is so remote that the only practical way to get there is by helicopter.
섬이 너무 외진 곳에 있어서 실제로 그곳에 접근할 수 있는 방법은 헬기뿐이다.

- 유 a. experimental, empirical, applied
- 반 a. impractical

promising
[prάmisiŋ]
영 [prɔ́misiŋ]

a. 장래성 있는, 전도유망한, (날씨가) 좋아질 것 같은

Research into the treatment of cancer is looking very promising.
암 치료에 대한 연구가 앞으로는 아주 유망해 보인다.

- 유 a. hopeful, encouraging, bright

remarkable
[rimάːrkəbl]

a. 주목할 만한, 비범한

Your educational background is excellent and your achievements are remarkable.
귀하는 학력이 우수하며 실적 면에서도 훌륭하시더군요.

- 유 a. unique, extraordinary, incredible

rod
[rád]
영 [rɔ́d]

n. 막대, 가지, 회초리

The nutrition emerges as a solid rod due to the shape of the tube's opening.

영양제가 튜브 입구의 모양에 따라 고체 막대기처럼 나온다.

유 n. bar

showing
[ʃóuiŋ]

n. 전시, 성적, 솜씨, 외관, 설명, 형세

That channel keeps showing reruns of old TV dramas.

그 채널에서는 옛날 TV 드라마를 계속 재방송하고 있다.

soar
[sɔ́:r]

v. 높이 치솟다, 활공하다, 솟구치다

Gold prices soared to their highest level since the third quarter of 2009.

목요일 금값이 2009년 3분기 이래 최고가로 치솟았다.

유 v. jump, surge, spiral, rocket

source
[sɔ́:rs]

n. 원천, 근원 **v.** (인용문의) 출처를 명시하다

Professors often refuse to disclose the sources of their information.

교수들은 가끔 정보의 출처를 밝히기를 거부한다.

유 n. spring

vibrate
[váibreit]

v. 진동하다, (목소리가) 떨리다, 울려 퍼지다

If your cell phone is loud when it vibrates, then it may be a better idea to turn the phone on silent.

당신의 휴대폰이 진동할 때 소리가 크다면, 무음으로 전화기를 해 놓는 것이 좋은 생각일 수 있습니다.

weapon
[wépən]

n. 무기, 공격의 수단 **v.** 무장하다

The principals of the many old weapons can be applied to new weapons and improvised weapons.

많은 구식 무기들의 원리들이 신 무기나 임시로 만들어진 무기들에 적용될 수 있다.

유 n. arms

council
[káunsəl]

n. 회의, 평의회, 지방 의회

The city council will meet to discuss on the alternative services in the near future.
시의회는 가까운 장래에 대체복무제를 논의하기 위해 열릴 것이다.

deadline
[dédlàin]

n. 사선, 원고 마감 시간

The deadline for submitting an abstract is March 21 but you don't have to wait until then.
논문 제출 마감일이 3월 21일이지만, 그때까지 기다릴 필요 없습니다.

delighted
[diláitid]

a. 아주 기뻐하여, 기뻐하는

I'd be delighted to hear any suggestions you have.
나는 당신이 하는 어떠한 제안에도 기꺼이 귀를 기울이겠습니다.

유 a. pleased, enchanted

disadvantage
[dìsədvǽntidʒ, -vάːn-]
영 [dìsədvάːntidʒ]

n. 불리한 처지 **v.** (사람을) 불리하게 하다

The disadvantage is that the CDs can't be reused.
불리한 점이라면 CD를 재사용할 수 없다는 점입니다.

유 n. drawback, pitfall
반 n. v. advantage

edition
[idíʃən]

n. 판, 총서

More than 3 million copies have been sold since the first edition in 1989.
1989년 초판이 나온 이후 거의 300만 부 이상이 판매되었다.

flock
[flάk]

n. 떼, 무리 **v.** 떼짓다

As they say birds of a feather will flock together.
그들이 말한 것처럼 같은 종류의 새들은 같이 떼를 지어 다닐 것이다.

유 n. group v. crowd

folk
[fóuk]

n. 사람들, 가족

If a bank has no money to lend, "well then folks, that's all." he wrote.
은행이 빌려줄 돈이 없게 되면, 그는 "자 여러분, 오늘은 여기까지입니다." 라고 썼다.

유 n. people

frame
[fréim]

n. 창틀, (사진)틀 **v.** ~의 틀을 잡다, 틀에 끼우다

Handmade or commercial frames can be used.
수공 액자나 상업용 액자 사용 가능합니다.

유 n. hull, body

host
[hóust]

n. 주인, 운영자, 후원자 **v.** 주인 노릇을 하다, 접대하다

The host is the son of a restaurant tycoon Yue-Sai Kan.
주최자는 레스토랑업계의 거물 아들인 유에-사이 칸입니다.

implement
[ímpləmənt]

n. 도구, 수단, 방법 **v.** 권한을 주다, 이행하다

The man said the president planned to implement the secret agreement in 2010.
그는 대통령이 2010년 비밀 협약을 이행하려고 계획했었다고 말했다.

유 n. instrument

intend
[inténd]

v. ~할 작정이다, 의도하다, 지정하다

Small maker Ajax Telecom announced that it intends to file for bankruptcy.
소형업체인 에이잭스 텔레콤은 파산 신청을 할 것이라고 발표했다.

유 v. mean, plan, aim

periodical
[pìəriádikəl]
영 [pìəriɔ́dikəl]

a. 정기 간행의 **n.** 정기 간행물, 잡지

Her illustrations appeared in the New York Mirror and several other periodicals.
그녀의 삽화는 뉴욕 미러와 몇 권의 다른 잡지에 실렸다.

반 a. aperiodic

recall
[rikɔ́:l]

v. 상기하다, 생각나게 하다, 회수하다 **n.** 회상, 소환

In the spring, pet feed was also recalled because it contained melamine.
봄에 애완용 사료는 멜라닌이 함유되어 있어서 회수되었다.

유 v. remember n. callback

subscription
[səbskrípʃən]

n. 기부, 예약 구독, 신청

The most frequent benefit of membership is a sharply discounted subscription rate.
멤버쉽의 가장 흔한 혜택은 구독료를 꽤 할인해 주는 것입니다.

tax
[tǽks]

n. 세, 무거운 부담 **v.** 세금을 부과하다, 비난하다

Applicable value-added tax must be added to all orders.
모든 주문품에는 적절한 부가가치세가 부가되어야 한다.

유 n. duty, customs v. assess

wage
[wéidʒ]

n. 임금, 노임 **a.** 임금의 **v.** (전쟁 등을) 행하다

As you know, there will be a minimum wage increase of $30 per week for all clerks.
알다시피, 전 점원에 대해 최소 주당 30달러의 임금 인상이 있을 겁니다.

유 n. pay

warmth
[wɔ́:rmθ]

n. 따뜻함, 열심

She took care of them, but not much warmth.
그녀는 그들을 돌보았지만, 별로 따뜻함이 깃들어 있지는 않았다.

Day 15

admire
[ædmáiər]
영 [ədmáiə(r)]

v. 감탄하다, 칭찬하다, 흠모하다

PBS is a globally admired manufacturer of telecommunication-related equipment and video equipment.
PBS는 통신 관련 장비와 비디오 장비 생산으로 세계적인 인정을 받는 업체이다.

유 v. respect

apparent
[əpǽrənt]

a. 뚜렷이 보이는, 명백한

The differences are not readily apparent, but we urgently need to find one.
차이점이 즉시 뚜렷이 보이지 않지만, 시급히 찾아야만 한다.

유 a. evident
반 a. actual, real

appropriate
[əpróuprièit]

v. 사용하다, 충당하다   **a.** 적당한

It was agreed that freezing of wages would be appropriate under the circumstances.
그 상황에서는 임금 동결이 적절하다는 데 의견을 같이 했다.

유 a. fit

aside
[əsáid]

adv. 곁에, 따로 두고   **n.** 혼잣말, 귓속말

Stir together granulated sugar, flower and coffee powder in bowl; set aside.
알갱이 설탕, 밀가루, 커피 가루를 우묵한 그릇에 넣고 섞어서 따로 놓아 둔다.

assume
[əsú:m]
영 [əsjú:m]

v. 떠맡다, 취하다, 추정하다

It was assumed that the fire was amply covered by the insurance.
화재로 인한 손해는 보험 처리가 되는 것으로 추정됐다.

basis
[béisis]

n. 기초, 기본, 원리

Starting next month, extra work will be paid on a monthly basis.
다음 달부터는 특근 수당이 월 단위로 지급될 것이다.

유 n. foundation, base

bounce
[báuns]

v. 튀다, 튀기다, 벌떡 일어나다

The flight landed on the runway with a bounce.
그 항공기는 활주로에 한 번 튀어 오르며 착륙했다.

candidate
[kǽndidèit -dət]

n. 후보자, 지원자

Candidates must have two years more experience, and excellent speaking and writing skills.
지원자는 2년 이상의 경험이 있어야 하며, 유창한 화술 및 작문 실력이 요구됩니다.

유 n. nominee, applicant

carriage
[kǽridʒ]

n. 탈것, 운반, 운송, 운반대

We'll offer the free carriage of one oversized sports baggage up to 50kg.
50 킬로그램까지 특대 스포츠 수화물 운송 무료를 제공할 것입니다.

유 n. car, truck, wagon, cart

chamber
[tʃéimbər]

n. 방, 회의소 **a.** 실내 음악의, 실내의

The Canadian Chamber of Commerce will hold a seminar for professionals eyeing chief executive positions.
캐나다 상공회의소는 최고경영자가 되고자 하는 직장인들을 위해 세미나를 개최합니다.

유 n. hall

characteristic
[kæriktərístik]

a. 특질 있는, 독특한 **n.** 특질, 특색

Leather products may have characteristics referred to as "hallmarks of the trail."
가죽 제품에는 이른바 '상흔(傷痕)의 특징'이라 불리는 독특한 흔적이 있을 수 있습니다.

유 a. typical, distinctive   반 a. uncharacteristic

commit
[kəmít]

v. 범하다, 위탁하다, 책임지다

At Document Plus, we are committed to satisfy needs of the customers.
다큐멘트 플러스에서는 고객의 요구를 충족할 수 있도록 책임을 다합니다.

반 v. divest

crawl
[krɔ́ːl]

v. 기어가다, 서행하다

However, it slows to a crawl due to a car crash in the right lane.
그러나, 우측 차로에서 발생한 충돌 사고 때문에 제 속도를 내지 못하고 서행하고 있습니다.

유 v. creep

expert
[ékspəːrt]

n. 숙련가, 전문가 **a.** 숙련된

Economic experts believe that economy will continue to improve by degrees.
경제 전문가들은 경제가 계속적으로 차차 나아질 것으로 내다보고 있다.

유 n. specialist, authority   a. skillful
반 n. amateur

expire
[ikspáiər]

v. 만기가 되다, 끝나다

All the pamphlets stated clearly that the offer expired on December 30.
모든 팜플렛에 이 할인 쿠폰은 12월 30일부로 기한이 만료된다고 분명히 명시하였습니다.

force
[fɔ́ːrs]

n. 힘, 폭력, 영향력, 설득력   **v.** 억지로 시키다, 강요하다

Recent diminished sales in the industry have forced reductions.
최근 업체의 매출 부진으로 인해 감원을 하지 않을 수 없었다.

grant
[grǽnt, gráːnt]
영 [gráːnt]

v. 주다, 승인하다   **n.** 허가, 인가, 보조금

The grant will be used to pay debt and fresh loans.
보조금은 부채 상환과 신규 대출에 사용될 예정이다.

유 v. give, allow, admit
반 v. deny

interpretation
[intə̀ːrprətéiʃən]

n. 해석, 통역, 판단

Equating a toddler with a child is far too narrow an interpretation.
유아를 아동과 동일시하는 것은 시야가 너무 좁은 판단이다.

manufacture
[mæ̀njufǽktʃər]

n. 제조, 제품 **v.** 제조하다

The strike caused the manufacture to fall behind schedule.
파업으로 인해 제조업체는 예정된 기일에 맞추지 못했다.

유 v. produce

obsolete
[ɑ̀bsəlíːt]
영 [ɔ́bsəlìːt]

a. 쓸모없게 된 **v.** 진부하게 하다

Advanced technology has resulted in some jobs becoming obsolete.
첨단 기술로 인해 일부 일자리들이 쓸모없게 되었다.

유 a. noncurrent

range
[réindʒ]

n. 열, 범위 **v.** 가지런히 하다, 정렬시키다

Salary range is $25,000~$35,000 depending on past career.
봉급 범위는 경력에 따라 25,000 달러에서 35,000달러 사이입니다.

유 n. variety, choice, scope

stagnant
[stǽgnənt]

a. 흐르지 않는, 불경기의

The country is plunged in confusion, and the economy rather stagnant.
나라는 혼란에 빠져있고, 경제는 침체기이다.

유 a. standing

stroke
[stróuk]

n. 타격, 치는 소리, 맥박, 뇌졸증

The people who like to eat meat cause an increase in the incidence of cancer and strokes.
고기를 즐겨 먹는 사람은 암과 뇌졸중 발병률을 증가시킬 수 있다는 사실에 대한 직접적인 증거가 밝혀졌다.

유 n. blow

Day 16

additional
[ədíʃənl]

a. 부가적인, 보충의, 별도의

Additional pay will be provided for the employee for this trouble.
그 직원에게는 별도의 수당을 제공해 그러한 수고에 대해 보상할 계획입니다.

㊦ a. additive

adopt
[ədápt]

v. 채용하다, 양자로 삼다, 받아들이다

Adopt a low-fat, high-protein nutritional lifestyle.
저지방 고단백 영양식을 하셔야 합니다.

㊦ phr. take up, v. choose

agency
[éidʒənsi]

n. 기관, 대리점, 대행 회사, 작용

A local ad agency selects employees based on level of originality and creativity.
한 지역 모델 회사는 독창성과 창의성을 기준으로 직원들을 선발한다.

amazing
[əméiziŋ]

a. 굉장한, 놀랄 만한

These amazing computer games are both entertaining and educational-great for students!
이 놀라운 컴퓨터 게임들은 재미있으면서 학습도 되기 때문에 학생들에게 그만입니다!

㊦ a. astonishing, awesome

approach
[əpróutʃ]

v. ~에 다가가다, 가까이 가다, 다가오다 **n.** 접근, 접근법

It is urgent for you to develop a creative approach that will make readers remember you.
독자들에게 당신이 기억될 수 있는 창의적인 접근 방법의 개발이 시급하다.

㊦ n. touch, approximate

· Part2 · Day 16 · 101

arrange
[əréindʒ]

v. 가지런히 하다, 배열하다, 준비하다

Mr. Grass has arranged to have the ordered product delivered here by noon tomorrow.
그라스 씨는 주문된 상품이 내일 정오까지 이곳에 배달되도록 준비했다.

assembly
[əsémbli]

n. 집회, 회의, (입법) 의회, 조립

We know exactly how many equipments we use on our assembly line.
우리는 조립 라인에서 얼마나 많은 장비들을 사용하는지 알고 있습니다.

☞ n. council, parliament, congress

bubble
[bʌ́bl]

n. 거품 **v.** 거품이 일다, 거품이 일게 하다

Securities analysts at home and abroad have dismissed the speculative bubble argument.
국내외 증권사 애널리스트들은 투기 거품에 대한 논쟁을 일축했다.

☞ n. foam

cab
[kǽb]

n. 택시, (트럭 등의) 운전대

Most city cab drivers carry only enough cash to make change for a fifty-dollar bill.
시내의 대부분의 택시 기사들은 50달러 지폐를 바꿔줄 만큼의 현금만 지니고 다닌다.

clash
[klǽʃ]

n. 땡땡 울리는 소리, 충돌, 불일치 **v.** 땡땡 소리나다

They are trying to promote a clash with its previous policies.
그들은 기존 정책과의 충돌을 조장하려 하고 있습니다.

☞ n. collision, disagreement

consider
[kənsídər]

v. 잘 생각하다, ~이라고 생각하다

Please take a little time out of your schedule to consider the issues.
일정에서 약간의 시간을 내어 이 문제를 고려해 주시기를 바랍니다.

☞ v. think, regard, examine

craft
[kræft, krɑ:ft]
영 [krɑ:ft]

n. 기능, 기교, 공예

During the conference art, craft, and photography will be on display.
대회 기간 중 예술과 공예, 그리고 사진이 전시될 것이다.

윤 n. skill

deliver
[dilívər]

v. 배달하다, 넘겨주다

They deliver a faster transportation service than the busses, but cost more.
그들은 버스보다 빠른 교통수단으로 배달하지만, 비용은 더 비쌉니다.

display
[displéi]

v. 전시하다, 나타내다 **n.** 전시, 표시

A collection of her photographs is on display at the Museum of Fine Arts.
그녀의 사진 콜렉션은 파인 아트 박물관에 전시되어 있다.

윤 v. n. show

encounter
[inkáuntər, en-]

v. 만나다, 부닥치다, 충돌하다 **n.** 마주침

Ms. Stenzal, once again we are very sorry for all the issues you have encountered.
스텐젤 씨, 귀하가 겪었던 모든 쟁점에 대해 다시 한 번 심심한 사과의 말씀을 드립니다.

윤 v. meet, gather, assemble

factor
[fæktər]

n. 요소, 요인

Export law is a key factor in international trade, but not the only one.
수출법규가 국제 통상에서 중요한 요인이지만, 유일한 전부는 아니다.

윤 n. element, point

flood
[flʌd]

n. 홍수, 다수 **v.** 범람시키다, 범람하다

The prices for vegetables has soared owing to the flood.
홍수로 인해 채소 값이 폭등하였다.

윤 n. torrent, flash flood v. overflow phr. spill over

general
[dʒénərəl]

a. 일반의, 전반적인   n. 대장

In a general stock market declines, however, no company is safe.
전반적으로 주식 시장이 침체되면, 어떤 회사도 안전할 수 없습니다.

반 a. special, specific

income
[ínkʌm]

n. 소득, 수입

Agriculture provides most of the nation's income.
농업이 그 나라의 주 수입원이다.

유 n. wage, pay, salary

industry
[índəstri]

n. 산업, 공업, 근면

In the early 1950s the airline industry was undergoing tremendous growth.
1950년대 초기에 항공 산업은 엄청난 성장을 경험했다.

유 n. trade, business, service

inform
[infɔ́:rm]

v. 알리다, 통지하다

We are pleased to inform you that your order is confirmed as above.
귀하의 주문이 상기와 같이 확인되었음을 알려 드립니다.

유 v. tell
파 n. information 정보, 지식

observe
[əbzə́:rv]

v. 관찰하다, 논평하다, 목격하다, 준수하다

Observe the following application guidelines to download the application form.
지원서를 다운 받으려면 다음 지침을 준수하세요.

유 v. notice

procedure
[prəsí:dʒər]

n. 순서, 절차, 과정

Dr. House recommends the following procedure when brushing your teeth.
하우스 박사는 이를 닦을 때 다음과 같은 과정을 거치도록 권고합니다.

유 n. process

rank
[rǽŋk]

n. 계급, 열 **v.** 나란히 세우다, 위치시키다, 자리 잡다

This movie ranks number 3 on Entertainment Weekly's list of the Best Movies.
이 영화는 최고 영화를 나타내는 주간 연예 목록에서 3위를 차지하고 있습니다.

유 n. rate, grade, place

remind
[rimáind]

v. 생각나게 하다, 상기하다

Also remind him you're a beginner and don't want to do any advanced levels.
또한 그에게 당신은 초보자이며, 어떠한 고급 단계의 것도 하기를 원하지 않는다는 점을 상기시켜 주십시오.

파 a. remindful 생각나게 하는

swing
[swíŋ]

v. 흔들리다, 매달리다, 흔들다
n. 흔듦, (골프·테니스·야구 등에서) 휘두름

If you have a good golf swing but still lack power here's the secrets that will increase your driving distance by 20 percent.
골프 스윙 감각은 좋지만 타력이 부족하다면 당신의 비거리를 20% 증가시켜 줄 비법이 여기 있습니다.

유 v. sway

thrive
[θráiv]

v. 번영하다, 무성해지다

Due to the thriving economy during the 90's, cities expanded greatly.
90년대 경제 호황으로 인해, 도시가 크게 번성했다.

파 a. thriving 번성하는

track
[trǽk]

n. 지나간 자취, 철도 선로 **v.** 추적하다

Gold consumption tracks the stock market.
금의 소비는 주식 시장의 흐름을 반영합니다.

유 v. trace

vast
[vǽst, vάːst]
영 [vάːst]

a. 광대한, 막대한

On his accession to the throne he inherited a vast estate in the West.
왕위 즉위 당시, 그는 서부에 막대한 영토를 물려받았다.

유 a. huge, large, big

acknowledge
[æknάlidʒ, ək-]
영 [æknɔ́lidʒ]

v. 인정하다, 사례하다

Officials acknowledge that the layoffs caused a drop off in profitability.
관리들은 해고가 수익성의 감소를 유발할 것임을 인정하고 있습니다.

반 v. deny
파 a. acknowledged 인정된, 승인된

allow
[əláu]

v. 허락하다, 주다

We allow a discount of 30%~35% off retail prices for orders of the value amount you describe in your letter.
귀하가 편지에서 언급한 금액에 해당하는 주문을 하실 경우에는 소매가에서 30%~35% 할인을 해 드립니다.

유 v. permit, let, grant

appearance
[əpíərəns]

n. 모습, 외모, 용모, 출연

During the meeting with customers, all employees are expected to maintain a professional appearance.
고객과의 만남 동안에는 전 직원이 직업인다운 용모를 유지해 주시기 바랍니다.

유 n. look, manner, air

applicant
[ǽplikənt]

n. 응모자, 지원자

Several applicants are widely known for their careers in the industry.
몇몇 지원자들은 그 업계에서 오랜 경력으로 잘 알려져 있다.

bewildering
[biwíldəriŋ]

a. 무척 당혹케 하는, 어리둥절한

Thanks to the support and industry-wide efforts over the past few years, customers have a bewildering array of choices.
지난 몇 년 동안에 걸친 지원과 업계 전반적인 노력에 힘입어, 고객들은 놀라운 선택의 폭을 갖게 되었다.

border
[bɔ́:rdər]

n. 가장자리, 경계 **v.** 접경하다, 인접하다

Get one set of three-by-five glossy prints, with borders.
가장자리는 있게 해서 3×5 사이즈 광택으로 한 장씩 뽑아 주세요.

유 n. boundary, line, frontier

brand
[brǽnd]

n. 상표, 브랜드, 소인 **v.** 소인을 찍다

Today you can purchase name-brand clothes at fabulous prices.
오늘 여러분들은 유명 상표를 값 싼 가격에 구입할 수 있습니다.

유 n. model   v. make, label

communicate
[kəmjú:nəkèit]

v. 전달하다, 의사를 소통하다, 통신하다

Blogs-web logs on line are increasingly being used to communicate about a variety of issues.
인터넷 웹로그인 블로그는 다양한 문제에 관한 소통구로 그 이용도가 높아가고 있습니다.

유 v. impart, transmit

dim
[dím]

a. 어둑한, 흐릿한, 가망성이 희박한

Their number and role remain in dispute and prospects for a swift resolution remain dim.
그들의 수와 역할에 대해 여전히 논의 중이어서 조속한 타결의 전망은 불투명한 상태이다.

유 a. faint, weak, gloomy

dine
[dáin]

v. 식사를 하다, 정찬[만찬]을 대접하다

No matter what the weather you can dine outside on our covered terrace.
어떤 날씨에서라도 외부의 덮개 테라스에서 식사를 하실 수 있습니다.

유 v. eat, feast

distinguished
[distíŋgwiʃt]

a. 두드러진, 저명한, 뛰어난

She's a person with distinguished mental abilities.
그녀는 지적 능력이 뛰어난 인물이다.

유 a. eminent

dividend
[dívədènd]

n. 피제수, 나눔수, 배당금

Dividend payments this year should be in the region of five percent.
올해의 배당금 지급은 약 5퍼센트 정도가 될 것입니다.

유 n. divisor

draft
[dræft]
영 [drɑːft]

n. 밑그림 **v.** 기초, 기안하다

I'll draft a letter to our customers informing our holidays.
거래처에게 우리의 휴가에 대해 알리는 편지를 작성할게요.

유 v. discharge

educated
[édʒukèitid]

a. 교육 받은, 교양 있는

When people are rich and educated, they often make better choices about their jobs.
사람들이 부유하고 교육을 받았을 때, 자신들의 직업에 대해 더 나은 선택을 하는 경우가 많다.

유 a. learned, informed, knowledgeable

enlightening
[inláitəniŋ, en-]

a. 계몽적인, 밝혀 주는

Take advantage of this opportunity for an enlightening experience.
계몽적인 경험이 될 이 기회를 잡으십시오.

exhibition
[èksəbíʃən]

n. 전람, 전람회

The designs for this year's fashions will be displayed at Art Fashion exhibition.
올해 나온 패션들의 디자인이 아트 패션 박람회에 전시될 예정이다.

유 n. show, display

independent
[ìndipéndənt]

a. 독립한, 독립심이 강한

The latest regulatory findings will be reviewed by an independent team of journalists.
이번 조사 결과는 독립된 기자들이 검토할 것이다.

유 a. unrelated, unconnected
반 a. dependent

loaf
[lóuf]

n. 한 덩어리의 빵

This recipe makes one large, oval loaf of bread.
이 요리법으로 커다란, 타원형 빵 하나를 만든다.

유 n. bread, roll

objective
[əbdʒéktiv]

n. 목표, 목적 a. 목적의, 객관적인

Teamworks must fit the company's strategic objectives.
팀워크는 회사의 전략적인 목적에 부합해야 한다.

유 a. impartial, neutral
반 a. subjective

outstanding
[àutstǽndiŋ]

a. 눈에 띄는, 현저한, 우수한

The woman is an outstanding photographic analyst.
여자는 우수한 사진 분석가이다.

유 a. important, superior

outward
[áutwərd]

a. 밖으로 향하는 n. 외부 adv. 바깥쪽으로

Make sure the pattern faces outward when making wallpaper.
벽지를 만들 때 패턴이 바깥쪽을 향하는지 확인하십시오.

유 a. external, outer, outgoing
반 a. inward

passenger
[pǽsəndʒər]

n. 승객, 여객

Airline passengers are actually checking out the flights from the screens.
비행기 승객들은 실제로 스크린에서 항공편을 확인하고 있다.

유 n. traveller, commuter

paycheck
[péitʃèk]

n. 급료

Once that money became available, the company released employee paychecks.
그 돈을 사용할 수 있게 되자, 그 회사는 직원들에게 급료를 지급했다.

policy
[páləsi]
영 [pɔ́ləsi]

n. 정책, 방침

Economic policy has had a profound impact on middle class.
경제 정책은 중산층에게 매우 큰 영향을 미쳐 왔다.

politics
[páləti̇ks]
영 [pɔ́ləti̇ks]

n. 정치, 정책

DailyNews is a news and discussion daily press with an emphasis on politics.
데일리뉴스는 뉴스와 토론을 다루는 일간지인데, 정치 기사에 중심을 둔다.

prominent
[prámənənt]

a. 현저한, 두드러진, 유명한

Our next guest is one of the more prominent names in Philippine high society
다음에 모실 분은 필리핀 고위층 사회에서 자주 이름이 언급되는 유명한 분입니다.

유 a. conspicuous

supplement
[sʌ́pləmənt]

n. 추가, 보충 **v.** 보충하다

Our latest product lines include vitamin E supplements.
우리 회사의 최신 제품 라인에는 비타민 E 보조 식품도 포함된다.

유 v. provide, supply

sewage
[súːidʒ]
영 [sjúːidʒ]

n. 하수 오물, 오수 **v.** ~에 하수 비료를 주다

The sewage disposal system was destroyed and has yet to be fully repaired.
하수 처리 시설은 파괴되었고, 아직 완전히 수리되지 않았다.

unstable
[ʌnstéibl]

a. 불안정한, 마음이 변하기 쉬운

We need to firm up our home economics for the unstable economy.
불안정한 경제를 대비해 가정 경제를 안정시킬 필요가 있습니다.

유 a. shaky

aptitude
[ǽptətjuːd]
영 [ǽptətjuːd]

n. 경향, 소질, 재능

Mike has a natural aptitude for positions within the marketing profession.
마이크는 마케팅 전문직 자리에 맞는 천부적인 재능이 있습니다.

유 n. talent, ability
반 n. inaptitude

bond
[bánd]
영 [bɔ́nd]

n. 묶는 것, 유대, 계약, 채권

Look at the value of the bond when it will reach maturity in ten years.
10년 후 만기가 되었을 때의 채권의 가치를 보십시오.

유 n. rapport, empathy

cling
[klíŋ]

v. 달라붙다, 매달리다, 집착하다

Bacteria can cling to the damp cutting-boards, where it will easy grow.
박테리아는 습한 도마에 달라붙을 수 있으며, 그곳에서 쉽게 자란다.

유 v. attach, stick, bind

clip
[klíp]

v. 자르다, 깎다, 구멍을 내다 n. 깎음

At this pet store, dogs are clipped, scrubbed and blow-dried into some of the good-looking pets in town.
이곳 애완동물 가게에서 개들은 털을 깎고 목욕도 하고 드라이기로 털을 말려 마을에서 맵시 있는 몇몇 애완견으로 변신합니다.

유 v. trim, shear

concentrate
[kánsəntrèit]
영 [kɔ́nsəntrèit]

v. 집중하다, 전력을 기울이다

The manager is going to concentrate on quality control area.
관리자는 품질 관리에 전념할 것이다.

반 v. decentralize
파 a. concentrated 집중된

conclude
[kənklúːd]

v. 끝내다, 결론짓다, 말을 맺다, 끝나다

The film concludes with him watching some Mexican children playing soccer at night, at their new stadium.
그 영화는 그가 몇 명의 멕시칸 아이들이 그들의 새 경기장에서 밤에 축구를 하고 있는 것을 보는 것으로 끝난다.

유 v. finish

convenient
[kənvíːnjənt]

a. 편리한, 형편이 좋은

The airline provides convenient airport-to-hotel passenger transportation service.
그 항공사는 편리한 공항-호텔 간 승객 수송 서비스를 제공한다.

유 a. favourable, handy
반 a. inconvenient
파 adv. conveniently 편리하게

convert
[kənvə́ːrt]

v. 변하게 하다, 전환하다, 개종시키다

Try converting these images to another file format before you send them.
그럼 이 이미지들을 다른 파일 형식으로 바꿔서 보내 봐요.

유 v. change, switch, shift

devote
[divóut]

v. 바치다, 전념하다

She gave up job searches to devote more time to her children.
그녀는 아이들에게 더 많은 시간을 쏟기 위해 취업을 포기했다.

유 v. dedicate

distinct
[distíŋkt]

a. 별개의, 뚜렷한

We can expect to see two distinct types of dramas this month.
우리는 이번 달 두 가지 완전히 다른 종류의 드라마를 볼 수 있을 것 같다.

유 a. different   반 a. vague

grip
[gríp]

n. 잡음, 손잡이 v. 꽉 쥐다, 사로잡다

It's really hard to get a grip on the concept of value.
가치의 개념을 파악하는 것이 정말 어렵다.

유 v. grasp, clutch

handy
[hǽndi]

a. 바로 곁에 있는, 편리한

Keep a nutrient guide book handy or use an Internet database about food.
영양 가이드 책자를 가까이 두거나, 음식과 관련된 인터넷 데이터베이스를 이용하십시오.

유 a. convenient, accessible

instruct
[instrʌ́kt]

v. 가르치다, 지시하다

The sales manager instructed his people to print out their sales performance.
판매 담당 부서장은 자신의 부하 직원에게 판매 실적을 프린트해 오라고 지시했다.

유 v. teach

insurance
[inʃúərəns]

n. 보험, 보험금

This mail regards our insurance claim with Trekker Insurance Specialists.
이 메일은 트레커 인슈어런스 스페셜리스츠 사를 상대로 한 저희 보험 청구 건에 관한 것입니다.

유 n. assurance

introduction
[ìntrədʌ́kʃən]

n. 도입, 소개, 서론, 입문서

His book is a general introduction to the subject of pedagogy.
그의 책은 교육학 분야의 일반 입문서이다.

유 n. formation, preface

landscape
[lǽndskèip]

n. 풍경, 경치

Wires from telephone poles stretch across the landscape.
전봇대의 전선들이 경치를 가로지르며 뻗어 있다.

유 n. view, scenery

magnificent
[mægnífəsnt]

a. 장려한, 훌륭한, 웅장한

The city's central feature is its magnificent buildings.
그 도시의 주요 볼거리는 그 웅대한 빌딩들이다.

유 a. superb, grand

margin
[máːrdʒin]

n. 여백, 여유, 최저한도

Keegan was elected mayor by a very narrow margin.
키건은 아주 근소한 표차로 시장에 당선되었다.

🔗 n. edge

output
[áutpùt]

n. 생산, 생산고, 출력

Productivity, that is, the ratio of output production to input effort, rose 3 percent for the quarter.
생산성, 즉 산출량과 투입량의 비율은 해당 분기에 3% 증가했다.

🔗 n. production, productivity

physician
[fizíʃən]

n. 내과 의사, 의사

Effective March 3, all sick leave forms must be accompanied by a physician's note.
3월 3일부터 모든 병가 신청서에는 의사의 진단서가 첨부되어야 합니다.

pulse
[pʌls]

n. 맥박, 진동

In my view, if my pulse is racing and I feel dizzy, I've failed as a pilot.
내 관점상, 내 맥박이 빨리 뛰고, 어지러우면, 나는 조종사로서 실패했다.

🔗 n. beat

reputation
[rèpjutéiʃən]

n. 평판, 명성

The sales manager had a reputation for coming down hard on the people under him.
판매 부장은 부하를 혹독하게 다루는 것으로 평이 나 있다.

🔗 n. image, profile   n. disrepute

rescue
[réskjuː]

v. 구조하다, 구출하다   **n.** 구조, 구출

Rescue personnel and ambulances are standing by to provide the necessary assistance.
구조대원과 응급차는 필요한 지원을 제공하기 위해 대기 중이다.

🔗 v. save

retreat
[ritríːt]

n. 퇴각, 은퇴, 피난처, 은거처 **v.** 물러서다

The location for this year's retreat has not been set in stone.
금년도 휴양 장소가 확정되지 않았습니다.

반 n. v. advance

sake
[séik]

n. 동기, 목적

Our organization is founded for the sake of social service, and no other.
우리 단체는 오직 사회 봉사를 위한 목적으로 설립되었다.

sensitive
[sénsətiv]

a. 민감한, 예민한

Please remember not to place any heat-sensitive items or materials on your oven.
오븐 위에는 열에 민감한 물건들을 올려놓지 않도록 하십시오.

urban
[ə́ːrbən]

a. 도시의, 도시에 익숙한

Fewer and fewer young people are moving from rural areas to urban.
농촌 지역에서 도시 지역으로 이주하는 젊은 사람이 점점 줄고 있다.

반 a. rural

weigh
[wéi]

v. 무게를 달다, 심사숙고하다

Look for a cell phone that weighs between 100 and 150grams.
무게가 100에서 150그램 사이로 나가는 휴대폰을 구하십시오.

whistle
[hwísl]
영 [wísl]

v. 휘파람 불다 **n.** 휘파람, 호각, 기적

Vets say dolphin's whistles have meaning.
수의사들은 돌고래의 휘파람 소리에 의미가 있다고 말합니다.

· Part2 - Day 18 · 115

architecture
[á:rkətèktʃər]

n. 건축, 건축학, 구조

He earned a Bachelor's degree in architecture and a Master's degree in Journalism
그는 건축학사 학위와 언론학 석사 학위를 취득했다.

⊕ n. construction

artificial
[à:rtəfíʃəl]

a. 인조의, 인공적인, 부자연스러운 **n.** 인공물

Many artificial intelligence researchers are now employing such institutes.
많은 인공 지능 과학자들은 현재 그러한 연구소에서 일하고 있습니다.

⊕ a. synthetic
⊖ a. natural

attire
[ətáiər]

v. 차려입히다 **n.** 옷차림새

The former two traditional attires are great.
이전의 두 개의 전통 의상은 멋었다.

⊕ phr. dress up

cite
[sáit]

v. 인용하다, 언급하다

Citing the advice of corporate counsel, Mr. Jones declined to reveal the scale of the investment or hiring numbers.
회사의 법률 고문의 조언을 인용하면서, 존스 씨는 투자 규모나 고용 인원수에 대해서는 밝히기를 거절했다.

⊕ v. quote

concerned
[kənsə́:rnd]

a. 걱정스러운, 관계가 있는, 관심을 가진

We, as the personal level, should be very concerned about this.
개인적 차원에서 우리는 이 문제에 관심을 기울여야 합니다.

⊕ a. afraid, involved, obsessed
⊖ a. unconcerned

credit
[krédit]

n. 신뢰, 신용, 외상, 대출금, 예금, 명예

Most major credit cards are accepted on the Internet.
인터넷 상에서 대부분의 주요 신용카드 환영합니다.

☺ n. trust

crude
[krú:d]

a. 천연 그대로의, 조잡한 **n.** 원유

Researchers expect crude to average $51.50 this year and $47.50 next year.
연구자들은 평균 원유가를 올해 51.50달러, 내년에는 47.50달러로 예상하고 있다.

☺ a. rough, bare
☹ a. raw

cubic
[kjú:bik]

a. 입방의, 정육면체의 세제곱의, 3차의 **n.** 3차(방정)식

Natural gas production rose 13 percent, to 10 billion cubic feet a day, in the fourth quarter.
천연 가스 생산량은 13퍼센트 올라서, 4사분기에는 하루에 100억 입방피트에 달한다.

deadly
[dédli]

a. 치명적인, 죽음과 같은

These chemicals in the bottle are deadly poisonous to some people.
병 안에 있는 이 화학약품은 일부 사람들에게 치명적인 독이 됩니다.

☺ a. fatal, deathlike

descent
[disént]

n. 강하, 가계

He is in direct descent from a people who reached Finland after the end of the last Ice Age.
그는 마지막 빙하기가 끝나고 핀란드에 도착한 사람의 직계이다.

☹ n. ascent

detect
[ditékt]

v. 발견하다, 간파하다

In fact we were unable to detect any movement from the ceiling at all.
실제로 우리는 천장에서 어떠한 움직임도 전혀 감지할 수 없습니다.

☺ v. find, discover

editor
[édətər]

n. 편집자, 교정자

Essentially, they act like the editors of a newspaper or periodical.
실제적으로, 그들은 신문이나 잡지의 편집자인 것처럼 행동한다.

파 a. n. editorial 편집자의, 사설

enhance
[inhǽns]
영 [inháːns]

v. 높이다, 올리다

His research has shown carrots greatly enhance blood flow and function of the eyes.
그의 연구 결과 당근은 혈류 흐름과 눈의 기능을 월등히 높인다는 것을 보여줍니다.

유 phr. add to   v. raise

fate
[féit]

n. 운명, 죽음

I think the fate of Europe hangs in the balance.
유럽의 운명이 불안정한 상태에 빠졌다고 생각합니다.

유 n. death, doom

managerial
[mæ̀nidʒíəriəl]

a. 취급의, 관리의

Production output will increase along with technical and managerial workers.
생산량이 증가함에 따라 기술, 관리직 직원도 함께 증가할 것입니다.

occasion
[əkéiʒən]

n. 경우, 특별한 일, (만날) 기회

We have been approached by major audio companies on a number of occasions.
저희는 최근 몇 주 동안 주요 오디오 업체로부터 여러 번 방문을 받았습니다.

파 a. occasional 이따금씩의

payable
[péiəbl]

a. 지불해야 할, 지불할 수 있는

The cost of the hotel is $100.00, payable by cash or credit card.
호텔 비용은 100달러이며, 현금 혹은 신용카드로 지불 가능합니다.

유 a. due

prefer
[prifə́ːr]

v. 오히려 ~을 좋아하다, 우선권을 주다

Advanced degree in science, engineering preferred.
과학과 공학 석·박사 학위 소지자는 우대합니다.

 v. favour   phr. would rather

prior
[práiər]

a. 이전의, 앞의

Cooks must wash hands with soap prior to handling food.
요리사는 음식을 만지기 전에 반드시 비누로 손을 씻어야 한다.

 a. posterior

provide
[prəváid]

v. 대주다, 공급하다, 준비하다

A similar service, on a different route, is provided by several well-known national chain stores.
유사한 서비스가 다른 루트로 전국의 유명 체인점에서 제공되고 있습니다.

 v. supply, give, yield

quantity
[kwántəti]
[kwɔ́ntəti]

n. 양, 수량, (종종 pl.) 다량

Our company produces auto aftermarket chemicals and industrial chemicals in quantity.
우리 회사는 자동차의 애프터서비스 시장용 화학 제품, 공업용 화학 제품을 대량 생산한다.

 n. sum   n. quality

salary
[sǽləri]

n. 봉급, 급료

Despite the deficit, managers decided to raise employee salaries.
적자에도 불구하고, 경영자들은 직원의 봉급을 인상하기로 결정했다.

 n. payroll, paycheck

severe
[səvíər]

a. 엄한, 엄격한, 심한

Meteorologists predict that severe weather conditions will be developing for days.
기상학자들은 며칠동안 악천후를 보일 것이라고 예보한다.

 a. strict, strong, bad
 adv. severely 심하게

sway
[swéi]

v. 흔들다, 흔들리다, 지배하다, 조정하다 **n.** 동요, 지배

Jason has worked hard to try to sway African leaders to his cause.
제이슨은 아프리카 지도자들을 자신의 목적대로 이끌고자 상당한 노력을 기울여왔다.

유 v. shake, swing

vacuum
[vǽkjuəm, -kju(ː)m]
영 [vǽkjuəm]

n. 공백, 진공 **a.** 진공의

The vacuum cleaner is the very thing for cleaning the corners.
그 진공청소기는 모서리를 청소하는 데 안성맞춤이다.

반 n. plenum

vital
[váitl]

a. 생명의, 극히 중대한 **n.** 생명의 유지에 절대 필요한 기관

Normalizing or improving relations with India is vital to the company, so your cooperation would be a great help.
인도와의 관계 정상화 혹은 개선은 우리 회사에 아주 중요한 일로, 귀하의 협조는 커다란 도움이 될 것입니다.

vivid
[vívid]

a. 생생한, 선명한

This LCD TV features an exclusive high-quality imaging system, giving you active movements, as well as vivid colors.
이 LCD TV의 특징인 최고급 영상 시스템으로 활동적 움직임과 생생한 색상을 즐기실 수 있습니다.

유 a. clear, pure, realistic

welfare
[wélfɛ̀ər]

n. 복지, 복리 **a.** 복지 원조를 받는

Everyone admits the priority of public welfare over economic development.
경제 발전보다 국민의 복지가 먼저라는 것은 누구나 인정하고 있다.

반 a. ill-being

wrist
[ríst]

n. 손목

Even wearing a rubber band on your wrist gives a cool impression.
심지어 당신 손목에 고무 밴드를 하고 있더라고 쿨한 인상을 줄 것입니다.

Day 20

acquire
[əkwáiər]

v. 취득하다, 얻다, 몸에 지니다

From the day that you take delivery of the car, you will have acquired the best.
당신이 그 차를 구입하는 그날부터, 당신은 최고의 상품을 소지하게 될 것입니다.

㊯ v. get

alert
[ələ́ːrt]

a. 방심하지 않는, 기민한 **n.** 경보, 경계 **v.** 경고하다

Alert your boss as soon as you know, who will notify the storeroom or the supplier.
당신이 아는 즉시 사장에게 알려서 보관실이나 납품업체에 연락하도록 하십시오.

㊱ a. unalert

alongside
[əlɔ́ːŋsáid]

adv. 옆으로 대고 **prep.** 옆에서, ~쪽에

Interns learn a lot from drawing alongside experienced employees in the office.
실습생들은 사무실에서 경험이 풍부한 직원들 곁에서 일하며 많은 것을 배운다.

㊯ prep. beside

bullet
[búlit]

n. 총탄, 해고

My boss often gives people the bullet for a matter of money.
내 상사는 종종 금전상의 이유로 사람들을 해고시킨다.

㊯ n. ammunition, shot

elaborate
[ilǽbərət]

a. 공들인 **v.** 애써 만들다

Their final report is considerably more elaborate than ours.
그들의 최종 보고서는 우리의 것보다 상당히 정성껏 작성되어 있다.

㊯ a. careful, fancy
㊱ v. contract

emerge
[imə́:rdʒ]

v. 나오다, 나타나다

Racoon only emerges at night to nibble grass.
너구리는 밤에 먹이를 찾아 풀숲을 뒤질 때만 밖에 나온다.

emotional
[imóuʃənl]

a. 감정적인, 감정에 호소하는

It strikes me that your acid dyspepsia is caused by emotional tension.
내게는 당신의 위산과다가 정서적인 긴장에 의해 야기된 것 같다.

유 a. spiritual, inner

emphasize
[émfəsàiz]

v. 강조하다

Most insurance companies are emphasizing this issue.
대부분 보험 회사들은 이 문제를 강조하고 있습니다.

유 v. stress

financial
[finǽnʃəl]

a. 재정의

For the rise in exports, the company's financial situation improved.
수출 증가로 인해, 그 회사는 재정 상태가 개선되었다.

반 a. nonfinancial

flourish
[flə́:riʃ]
영 [flʌ̀r-]

v. 번창하다, 무성하게 자라다, 활약하다

This new business flourishes at fashion shows, department stores, flea markets, and resorts.
이 새로운 사업은 패션쇼나 백화점, 벼룩시장, 휴양지 등에서 번창하고 있습니다.

유 a. flourishing 무성한, 번영하는

freezing
[frí:ziŋ]

a. 어는, 몹시 추운

A cold front will move in late this evening bringing with it some snow and freezing rain.
저녁 늦게는 한랭전선의 이동으로 눈과 차가운 비가 내리겠습니다.

유 a. icy, snowy, frozen

freight
[fréit]

n. 화물 운송, 화물

The remaining mattress will be sent by air freight as soon as possible.
나머지 매트리스는 최대한 빨리 항공 화물로 보내드리겠습니다.

유 n. load

friction
[fríkʃən]

n. 마찰

Friction between the union and management there has grown over the years.
지난 수년 동안 조합측과 경영자측 사이의 마찰은 점차 심화되어 왔습니다.

유 n. conflict

generous
[dʒénərəs]

a. 아끼지 않는, 관대한

Thank you again for your generous contribution.
여러분의 아낌없는 공헌에 다시 한 번 감사드립니다.

유 a. liberal   phr. free with

glue

n. 접착제   **v.** ~을 접착제로 붙이다

The suppliers charge $5 for a meter of the glue.
공급업체들은 이 접착제 1미터에 5달러를 받고 있다.

grateful
[gréitfəl]

a. 고맙게 여기는, 감사하는, 고마운

I am very grateful to you for everything that you have done for me.
당신이 저를 위해 하신 모든 일들에 대해 매우 감사드립니다.

유 a. thankful, glad

halt
[hɔ́:lt]

v. 멈추다, 서다

The airport construction project has been halted because of the cost.
비용 문제로 공항 신축 사업이 중단되었다.

반 v. start

intellectual
[ìntəléktʃuəl]

a. 지적인 **n.** 지식인

Intellectual property rights protection activities are a key issue for policy makers and businesses.
지적 재산권 보호 활동은 정책 입안자와 업계에서 주요 쟁점이다.

- a. theoretical, psychological, cultured
- a. nonintellectual, emotional

interpret
[intə́:rprit]

v. 해석하다, 통역하다

The character's role in the scenario has been interpreted in many different ways.
시나리오의 그 인물의 역할은 여러 가지 방향에서 해석되었다.

request
[rikwést]

v. 청하다 **n.** 부탁, 신청

All requests for the purpose of your trip will be reviewed on a case-by-case basis.
외근 신청은 전부 케이스별로 검토하겠습니다.

- n. order, application, claim

reserve
[rizə́:rv]

v. 남겨두다, 예약해 두다 **n.** 비축, 예비

Be sure to reserve a seat on your flight several weeks in advance.
비행기의 좌석 예약은 반드시 몇 주 전에 하시기 바랍니다.

- v. save, keep, hold

result
[rizʌ́lt]

n. 결과 **v.** 결과로서 생기다

As a result, our employees have company loyalty and always work hard.
그 결과, 저희 직원들은 애사심이 있고, 항상 열심히 일합니다.

- n. consequence, outcome

scholarship
[skálərʃìp]

n. 학문, 장학금

A total of 5 full tuition scholarships will be offered every semester for the next three years.
5명에겐 등록금 전액 장학금이 향후 3년에 걸쳐 매 학기마다 주어집니다.

shorten
[ʃɔ́ːrtn]

v. 줄이다, 짧게 하다

This sales network shortens the distribution process.
이 판매망은 유통 경로를 단축시킨다.

반 v. lengthen, expand

supreme
[səpríːm]
영 [sjupríːm]

a. 최고의, 최고 권위의   **n.** 최고의 것

From 1880-1890 he was the reporter for the Supreme Court.
1880년부터 1890년까지 그는 대법원 리포터였다.

유 a. dominant, maximum, ultimate

translate
[trænsléit]
영 [trænsléit]

v. 번역하다, 바꾸다, 옮기다

A part-time temp worker does not always translate into a full-time, permanent job.
파트 타임 임시직이 언제나 풀타임 정규직으로 전환되는 것은 아니다.

유 v. interpret

venture
[véntʃər]

n. 모험, 모험적 사업   **v.** 위험을 무릅쓰고 하다

As he explored new ventures, he created a production company called Now Film.
그는 새로운 사업을 알아보다가 나우 필름 사라는 제작 회사를 설립했다.

version
[vɔ́ːrʒən]

n. 번역, 설명, 판

A modified version of d20 System is being developed for export.
그 d20 시스템의 수정판은 현재 수출용으로 개발 중이다.

victim
[víktim]

n. 희생자, 피해자, 희생

The recent volcanic action has claimed many victims.
최근의 화산 활동으로 인해 많은 피해자들이 발생했다.

유 n. casualty, fatality

Day 21

besides
[bisáidz]

prep. ~ 외에, ~말고는 **adv.** 그 위에

The scooter was in pretty bad shape, and besides, I think it's time I got a car.
스쿠터의 상태도 상당히 안 좋았고, 게다가 차를 살 때라는 생각이 들어서요.

broaden
[brɔ́:dn]

v. 넓히다, 넓게 하다

Many in the domestic movie industry are glad copyright is being broadened.
많은 국내 영화업계 종사자들은 저작권이 확대되는 추세를 반기고 있다.

반 v. specialize

confidential
[kànfədénʃəl]
영 [kɔ̀nfədénʃəl]

a. 기밀의, 신뢰할 수 있는

We will not know this because calls are confidential.
통화 내용은 비밀이 보장되므로, 우리는 이걸 모를 것입니다.

유 a. secret, trustworthy

cottage
[kátidʒ]
영 [kɔ́tidʒ]

n. 시골집, 별장

I didn't really want to be designated custodian of the cottage, but it was a case of Hobson's choice.
나는 사실 그 별장의 관리를 맡고 싶지 않았는데, 선택의 여지가 없었다.

decline
[dikláin]

v. 거절하다, 기울다, 감소하다, 기울이다 **n.** 기욺, 쇠퇴, 감퇴

Overweight people are much more likely to have sleep problems and declining health systems.
비만인들은 수면 문제와 건강 악화 시스템을 가질 가능성이 훨씬 더 크다.

유 v. sink phr. fall off

desirable
[dizáiərəbl]

a. 바람직한, 갖고 싶은　**n.** 호감이 가는 사람[물건]

Consequently, holding dollars became less desirable than holding Euros.
결과적으로, 달러를 소유하고 있는 것은 유로화를 소유하고 있는 것보다 덜 바람직하다.

유 a. eligible, desired, preferred

disaster
[dizǽstər]
[영] [dizá:stər]

n. 재난, 재해

The damages of disasters or illnesses may be minimized with proper planning.
많은 재해나 질병들로 인한 피해는 적절히 계획을 세우면 최소화 될 수도 있다.

유 n. failure, catastrophe

emphasis
[émfəsis]

n. 중요성, 강조, 중점

Society puts much emphasis on the family rather than the company or individual.
사회는 회사나 개인보다는 가족에 훨씬 더 많은 중점을 둔다.

engaged
[ingéidʒd, en-]

a. 약속된, 약혼 중인, 종사하는

The New York-based company engaged in gold and minerals exploration.
그 뉴욕 회사는 황금 및 보석류 채광에 종사하고 있다.

유 a. busy, involved, occupied

exposed
[ikspóuzd]

a. 드러난, 노출된

Young children are able to quickly learn their mother tongue to which they are exposed.
어린 아이들은 그들이 접하게 되는 모국어를 재빨리 습득할 수 있다.

유 a. unprotected, unclothed

fade
[féid]

v. 바래다, 사라지다, 시들다

Other companies make glowing blue sand, but it usually fade after a year or so.
다른 회사들도 빛을 발하는 파란 모래를 생산하지만, 그것들은 대개 1년쯤 지나면 빛이 바랜니다.

유 v. vanish

fatal
[féitl]

a. 치명적인, 운명의

These products are potentially fatal and difficult to diagnose.
이 같은 제품은 잠재적으로 치명적이며 소화하기 힘듭니다.

≒ a. mortal

gross
[gróus]

a. 총체의, 전체의, 천한

The couple have declined their gross income.
그 부부는 총소득이 감소했다.

≒ a. total, whole

harsh
[háːrʃ]

a. 거친, 가혹한

Sometimes you will have to go out in harsh weather conditions, so make sure you dress accordingly.
때때로 악화된 기상 조건에 나가야 하므로, 적절하게 옷을 입도록 하십시오.

≒ a. severe, hard, rough

instantly
[ínstəntli]

adv. 즉시로 **conj.** ~하자마자

If you want more staff to help you, we will hire them instantly.
당신을 도와줄 직원이 더 필요한 경우, 즉시 채용하겠습니다.

≒ conj. as soon as

intention
[inténʃən]

n. 의향, 의도

In practice, good intentions can be forgotten with using the online auction site.
실제로, 이런 좋은 의도는 온라인 경매 사이트 이용에 잊혀지기 십상입니다.

interval
[íntərvəl]

n. 간격, 틈

The subway departs at regular intervals.
지하철은 일정한 간격을 두고 출발한다.

investigate
[invéstəgèit]

v. 조사하다, 연구하다

I have investigated your complaint about the service you received in the sales department.
영업부에서 받은 서비스에 대한 귀하의 이의를 조사해 보았습니다.

㈜ v. examine

lane
[léin]

n. 좁은 길, 차선, 항로

Also, because of starting next week road works, only one lane will be open.
또한, 내주부터 시작되는 도로 공사로 한 쪽 차선밖에는 이용할 수 없습니다.

㈜ n. path

mainland
[méinlænd]
영 [méinlənd]

n. 본토, 대륙

Nearly all the fans are tourists from mainland Japan.
거의 모든 팬들이 일본 본토에서 온 관광객들입니다.

mission
[míʃən]

n. 사절, 사명, 임무, 천직

For the employee evaluations, please write a personal mission statement.
직원 평가를 위해서, 개인의 과업 성명서를 써 주십시오.

㈜ n. purpose, vocation

overpriced
[òuvərpráist]

a. 너무 비싼, 비싼 값을 매긴

He tried to force us to buy a overpriced natural latex mattress.
그는 비싼 천연 라텍스 매트리스를 사도록 강요했습니다.

㈜ a. expensive

plant
[plǽnt]

n. 식물, 공장 **v.** 심다, 놓다, 창립하다

The chairman of the board decided to relocate its plant to the Thailand.
이사회 의장은 공장을 태국으로 이전하기로 결정했다.

privilege
[prívəlidʒ]

n. 특권, 혜택

Benefit from all free gifts, 12 months free credit and other privileges.

사은품과 12개월 무이자 외에 다양한 혜택을 받아가세요.

proofread
[prú:fri:d]

v. 교정보다

Be sure to have at least two other people proofread your paper before reading it.

논문을 발표하기 전에 최소한 두 사람에게 교정 보게 하십시오.

protect
[prətékt]

v. 보호하다, 막다

A security company has devised a significant system to protect homes and business from intruders.

한 보안 회사가 가정과 사무실에서 도둑의 침입을 막을 수 있는 획기적인 시스템을 고안해 냈다.

㊝ v. defend, guard, preserve

readily
[rédəli]

adv. 쾌히, 쉽사리

A solution is not readily apparent, but we're not giving up.

해결책이 손쉽게 보이지 않지만, 포기하면 안 됩니다.

㊝ adv. willingly, easily

resolve
[rizálv]

v. 결심하다, 결의하다, 해결하다   n. 결심

Our manager will work hard to resolve your complaint immediately.

저희 매니저가 불만사항이 즉시 해결되도록 열심히 할 것입니다.

㊝ v. settle, repair, mend

status
[stéitəs]

n. 상태, 신분, 지위

We want to update everyone on the status of the launch of our new luxury sedan.

신형 고급 세단 출시 현황을 여러분께 알려 드리려고 합니다.

㊝ n. honour, prestige, glory

Day 22

absolute
[ǽbsəlùːt]

a. 절대적인, 완전한, 전면적인

The security company has built its reputation by offering absolute security to its customers.
그 보안 회사는 고객들에게 완벽한 보안을 제공하여 명성을 쌓았다.

- 유 a. complete, direct
- 반 a. relative

alternative
[ɔːltə́ːrnətiv, æl-]
[ɔːltə́ːnətiv]

n. 둘 중에서의 선택 **a.** 하나를 택해야 할, 대신의

We recommend Redwood Inc. in Montreal, as an alternative supplier.
다른 공급 업체로는 몬트리올 소재 레드우드 사를 추천합니다.

- 유 a. secondary

artwork
[áːrtwə̀ːrk]

n. 삽화, 도판 제작, 수공예품, 예술적 제작 활동

The gallery plans to purchase 5 billion won's worth of artwork.
갤러리는 올해 예산 5억원을 들여 예술 작품을 구입할 예정이다.

attorney
[ətə́ːrni]

n. 대리인, 변호사

Consult a competent attorney if you can't figure it out.
그것을 알아낼 수 없다면 유능한 변호사와 상의하십시오.

- 유 n. lawyer

await
[əwéit]

v. 기다리다, 기대하다

Call today for a free brochure of exotic hotel, awaiting your visit.
오늘 전화하셔서 여러분을 기다리는 이국적인 호텔에 대한 무료 팸플릿을 받으십시오.

- 유 phr. wait for

bear
[bɛ́ər]

v. 지니다, 갖고 있다

We will prove that the bag that caused the damage is a counterfeit, even though it bears our trademark.
우리는 손해를 입힌 그 가방이 우리 회사 상표를 갖고 있지만, 위조품이라는 사실을 증명할 것이다.

capital
[kǽpətl]

a. 자본의, 기본의, 가장 중요한 n. 수도, 자본, 대문자

Other businesses include fund raising and project management, and also capital structuring.
기타 사업 분야에는 자금 모음, 프로젝트 관리, 자본 조정 등이 포함되어 있다.

classification
[klæ̀səfikéiʃən]

n. 분류

While race is a biological classification, dignity a sociological concept.
인종은 생물학적 분류인 반면, 존엄성은 사회적 개념이다.

code
[kóud]

n. 신호법, 암호, 법전

Mission Hills is part of the 92104 zip code area.
미션 힐즈는 92104 우편번호를 쓰는 지역의 일부이다.

countless
[káuntlis]

a. 셀 수 없는, 무수한

Toy&Joy, Inc. recalled their teddy bear after receiving countless complaints from parents.
토이&조이 사는 부모들로부터 엄청난 불만들이 들어오자 자사의 곰인형을 리콜했다.

유 a. innumerable

description
[diskrípʃən]

n. 기술, 서술적 묘사, 설명서

We also ask that you include a catalog description for further details.
또한 상세한 정보를 위한 카탈로그 설명서도 함께 보내 주시기 바랍니다.

유 n. picture, representation, profile

habitat
[hǽbitæt]

n. 서식지, 거주지

Habitat damage and other issues have lowered the numbers to an extremely dangerous level.
서식지 파괴와 기타 문제들로 그 수가 계속 줄어들어 거의 멸종 단계에 이르렀다.

유 n. territory, home

indicate
[índikèit]

v. 가리키다, 나타내다

The statistics indicate that car crashes are on the increase.
통계는 자동차 추돌 사고가 감소하고 있음을 보여 주고 있다.

유 v. show
반 v. contraindicate

lay-off
[léiɔ́:f]

n. 해고, 강제 휴업, 자택 대기, 활동 휴지기

He is forced to lay off approximately 125 employees at the plant, making himself miserable.
그는 공장에서 약 125명을 해고해야만 하고, 이는 그를 비참하게 만들었다.

marketplace
[máːrkitplèis]

n. 시장, 장터

Campuses should serve as marketplaces for dreams.
대학의 교정은 꿈을 향하는 시장으로의 기능을 해야 한다.

microwave
[máikrəwèiv]

n. 마이크로파 **a.** 마이크로파의 **v.** 전자레인지로 조리하다

Nothing special, just a refrigerator, a microwave, and a bed.
특별하게 꾸며놓진 않았지만, 냉장고와 전자레인지, 침대 등이 구비되어 있습니다.

originate
[ərídʒənèit]

v. 시작하다, 비롯하다, 생기다

But not everyone agrees this disease originated in the tropics.
그러나 모든 사람들이 이 질병이 열대 지방에서 발원했다고 동의하는 것은 아니다.

outfit
[áutfit]

n. 채비, 도구 한 벌, 의상

Steven designs the mom and her baby's outfits to match-similar colors, similar fabrics.
스티븐 씨는 엄마와 아이의 의상을 비슷한 색과 비슷한 옷감으로 맞춰서 디자인 합니다.

overlook
[òuvərlúk]

v. 못 보고 지나치다, 너그럽게 봐주다, 내려다 보다 **n.** 전망

The school is located on a hill that overlooks the town of Oxbow Lake.
학교는 옥스보우 호수를 내려다 보는 언덕에 위치하고 있다.

payroll
[péiròul]

n. 임금 대장, 급료 지불 명부, 종업원 명부, 종업원 수

The bonuses will affect almost the entire payroll.
그 상여금은 전체 급여 명부에 영향을 미칠 것이다.

profit
[práfit]
영 [prɔ́fit]

n. 이익, 이득 **v.** 이익을 얻다

As you all know, our third quarter profits were very good.
알다시피, 우리 회사의 3/4분기 수익이 매우 좋습니다.

⊕ n. benefit, advantage
⊖ n. loss

reverse
[rivə́:rs]

n. 역, 반전 **a.** 거꾸로의, 상반되는 **v.** 거꾸로 하다

The final three episodes were played in reverse order.
마지막 세 개의 에피소드들은 역순으로 상영되었다.

⊕ a. opposite
⊖ n. obverse, recto a. obverse

stack
[stǽk]

n. 더미, 낟가리, (pl.) 다량

He has stacks of paper spread in front of him.
그 앞에 산더미 같은 서류가 흩어져 있다.

stationery
[stéiʃənèri]
영 [stéiʃənèri]

n. 문방구, 문구류

We will print your customized stationery within 24 hours.
저희는 24시간 이내에 귀하의 맞춤 문구를 인쇄하게 됩니다.

sticky
[stíki]

a. 끈적거리는, 무더운, 망설이는

Plaque is a sticky substance that sticks to the walls of the arteries.
플라그는 동맥 혈관 벽에 붙어있는 끈끈한 물질이다.

유 a. difficult, hard, wet

textile
[tékstail, -til]
영 [tékstail]

a. 직물의, 섬유의 **n.** 직물

He was the chairman of his family owned textile company between 1994 and 2007.
그는 1994년부터 2007년까지 그의 가족이 소유한 섬유 회사의 회장이었다.

texture
[tékstʃər]

n. 직물, 결, 질감

Do not wet out for more than 3 minutes, you want to keep the thick texture.
당신이 두꺼운 질감을 유지하고 싶다면 3분 이상 물에 담그지 마십시오.

파 a. textured 직물의 짜임이 ~한

transform
[trænsfɔ́:rm]

v. 변형시키다, 바꾸다, 변하다

The main building was transformed into a hospital, and another building was used as a school.
주요 건물은 병원으로 변형되었고, 다른 건물은 학교로 이용되었다.

유 v. change

via
[váiə, ví:ə]

prep. ~을 경유하여, ~에 의하여

Please place your request via fax, mail, phone, and in person.
신청은 팩스, 메일, 전화 그리고 개인적으로 해주시기 바랍니다.

유 prep. by way of, by means of

Day 23

campaign
[kæmpéin]

n. 운동, 캠페인

The slogan from the advertising campaign reads: "You can't be too careful."
그 광고 캠페인의 슬로건은 "아무리 조심해도 지나치지 않아요."이다.

유 n. battle, struggle, drive

commute
[kəmjúːt]

v. 갈다, 교환하다, 대용하다, 통근하다

If you have to commute to work or travel for work, the cost of gasoline will eat into the budget.
당신이 출근을 하거나 일을 하러 외근을 가야할 경우, 기름값은 예산에서 쓰게 될 것입니다.

conform
[kənfɔ́ːrm]

v. 따르게 하다, 맞게 하다

Baby tablewares are manufactured to conform to strict safety standards.
아기용 식기는 엄격한 안전 기준에 따라 제조되고 있습니다.

반 v. deviate

coordinate
[kouɔ́ːrdənət]

a. 동등한 **v.** 대등하게 하다, 조정하다, 조화하다

I tried for something earlier, but noon was the only time I could coordinate with them.
더 일찍 시간을 잡아보려고 했지만, 그 사람들하고 맞출 수 있는 시간이 12시밖에 안 되었습니다.

유 a. equal v. adjust

currency
[kə́ːrənsi]

n. 통화, 유통

The oil price rise is to blame for the instability of international currency.
유가 상승의 원인은 국제 통화의 불안정이라고 나타났다.

Day 24

audience
[ɔ́:diəns]

n. 청중, 관중, 관객, 팬

The audience gets pleasure from the performers; the performers gets pleasure from the the audience.
관객은 배우로부터 기쁨을 느끼고, 배우는 관객으로부터 기쁨을 느낍니다.

유 n. viewer, spectator, listener

carve
[ká:rv]

v. 베다, 새기다

The warning "No scribbling." is carved into a wall.
벽에는 "낙서 금지."라는 경고 문구가 새겨 있다.

파 n. carver 조각가

certification
[sə̀:rtəfikéiʃən, sərtìfə-]

n. 증명, 증명서, 상장 수여

The certification procedure was more simple than we thought.
증명서 발급 절차가 생각한 것 이상으로 훨씬 간단했다.

반 n. disenfranchisement

channel
[tʃǽnl]

n. 수로, 해협, 채널, 경로

On a sunny day the town could be seen across the channel.
맑은 날이면 해협 건너편의 그 마을을 볼 수 있었다.

유 n. station, network, frequency

congestion
[kəndʒéstʃən]

n. 밀집, 폭주, 혼잡

The biggest problem facing the city is housing shortage and traffic congestion.
그 도시가 당면한 가장 큰 문제는 주택 부족과 교통 혼잡이다.

designated
[dézignèitid]

a. 지정된, 관선의

Designated trademarks and company names are the property of their owners.
등록된 상표와 회사명들은 그 소유자들의 재산이다.

embassy
[émbəsi]

n. 대사관

The angry citizens forced an entry into the U.S. Embassy.
성난 시민들이 미국 대사관에 밀고 들어갔다.

emergency
[imə́ːrdʒənsi]

n. 비상 사태 **a.** 긴급한

Except in emergency situations, it is a good idea to check what your insurance covers before receiving treatment.
긴급 상황인 경우를 제외하고, 치료를 받기 전에 보험 범위를 확인하는 것은 좋은 생각입니다.

유 n. exigency

exotic
[igzátik]

a. 이국적인, 외래의

Simply climb into bed at night, and have a breakfast in a new, exotic location.
밤이 되면 잠자리에 들고 아침에는 새로운 이국적인 장소에서 식사를 하십시오.

유 a. foreign, strange, unusual

fiber
[fáibər]

n. 섬유

Spandex, a chemical fiber, for example, is considered to be the world's most desirable.
예를 들어 화학 섬유의 일종인 스판덱스는 세계에서 가장 좋은 섬유로 알려져 있습니다.

hospitality
[hàspətǽləti]

n. 환대, 친절히 접대함

The president is trying to increase tourism by advertising the country's reputation for hospitality.
대통령은 친절한 나라 이미지를 홍보하여 관광 사업을 발전시키려 애쓰고 있다.

반 n. inhospitality

impending
[impéndiŋ]

a. 임박한, 절박한

Some employees have still not received notice about the impending amendments to the company's new no-smoking policy.
일부 직원들은 곧 있을 회사의 새로운 금연 방침에 대한 통고를 아직도 받지 못했다

inaccuracy
[inǽkjurəsi]

n. 부정확, 정밀하지 않음, 잘못, 틀림

The drama is entertaining but full of historical inaccuracies.
그 드라마는 재미는 있지만 사적(史的) 오류로 가득하다.

janitor
[dʒǽnətər]

n. 문지기, 수위, 관리인

The plans for moving must be turned in to the janitor's office.
이사 계획은 관리실에 제출해야 한다.

유 n. doorkeeper

obstruct
[əbstrʌ́kt]

v. 막다, 차단하다

They don't obstruct building entrances, windows, or hallways, including the doorways of their own house.
그들은 건물 입구, 창문, 복도는 물론 자신의 집 입구를 방해물로 막아놓지 않는다.

ordinary
[ɔ́ːrdənèri]

a. 평상의, 보통의, 일반의

His new album is certainly out of the ordinary. I've never heard anything like it before.
그의 새 앨범은 확실히 비범한 것이다. 나는 그러한 것을 전에 들어본 적이 없다.

유 a. common, fair

permit
[pərmít]

v. 허락하다, 허가하다 **n.** 허가

Smoking: Smoking is not permitted anywhere in the hospital.
흡연: 병원 내 어디에서도 흡연을 허락하지 않습니다.

유 v. let

reaction
[riǽkʃən]

n. 반작용, 반동, 반응

Consumer reaction to the new model has been very gratifying.

신 모델에 대한 소비자들의 반응은 만족스러운 것이었다.

remain
[riméin]

v. 남다, 여전히 ~이다

Auto exports are expected to remain stable for the next few months.

자동차 수출이 앞으로 몇 개월 동안 안정세를 유지할 것으로 보인다.

유 v. keep, stay, last
반 v. change

reveal
[rivíːl]

v. 드러내다, 누설하다, 보이다

The truth will be revealed at the end of the matter, not the beginning of it.

그 사실은 시작할 때가 아닌, 문제의 마지막에 드러낼 예정이다.

유 v. disclose, expose, uncover

revision
[rivíʒən]

n. 개정, 복습, 계획의 수정

I've enclosed a revision of the manuscript as we discussed yesterday morning.

어제 오전에 함께 토의한 대로 원고의 수정된 내용을 동봉합니다.

segment
[ségmənt]

n. 단편, 조각 **v.** 분할하다, 분열하다

The following is a segment from digital audio broadcasting.

다음은 디지털 라디오 방송 내용의 일부분입니다.

유 n. section
파 a. segmental 부분의

site
[sáit]

n. 대지, 사이트(web site) **v.** ~의 위치를 차지하다

A fuller description of our products and corporate information is available on our web site.

본사 제품과 회사 정보에 대한 더 자세한 내용은 저희 웹사이트에서 얻으실 수 있습니다.

solar
[sóulər]

a. 태양의

Eventually, all buildings in Putrajaya will come equipped with solar panels.
결국에는, 푸트라자야에 있는 모든 건물에 태양열 판이 설치될 것이다.

stock
[sták]

n. 재고품, 저장, 주식, 줄기

Many analysts think the stock market will be in danger of overreacting to the earnings slowdown.
많은 주식 애널리스트들은 주식 시장이 수입 감소에 대한 과잉 반응으로 위험에 처할 것이라고 생각한다.

submit
[səbmít]

v. 복종시키다, 제출하다

Contract bids can be submitted to management for approval.
계약 입찰 신청서는 승인을 하는 담당자에게 제출하십시오.

유 v. surrender

substitute
[sʌ́bstətjùːt]

v. 대리를 시키다, 대신하다

Ms. Smith will substitute for me while I'm in London.
제가 런던에 있는 동안 스미스 씨가 제 업무를 대행할 것입니다.

surface
[sə́ːrfis]

n. 겉, 표면 **a.** 표면의, 외관의

The manager emphasizes the surface should be dry and clean so the tiles will stick properly.
담당자는 타일이 적절하게 붙여있기 위해서 표면은 건조하고 깨끗해야 한다고 강조합니다.

유 a. opencast, aboveground

switch
[swítʃ]

n. 스위치, 회초리 **v.** 변경하다, 바꾸다

I'm hesitant to switch meeting place, but we may have to.
회의 장소를 바꾸기가 좀 망설여지지만, 아무래도 그렇게 해야 할 것 같습니다.

Day 25

acquainted
[əkwéintid]

a. 정통한, 안면이 있는

You must be well acquainted with this locality.
이 근처의 지리를 잘 숙지하고 있어야 합니다.

유 a. familiar

adjacent
[ədʒéisnt]

a. 이웃의, 인접한

Skiing was popular during the 1950s at a ski hill located adjacent to what is now a golf course.
스키는 1950년대에 현재 골프장인 곳에 인접한 곳에 있는 스키 언덕에서 인기있었다.

유 a. close, near, connected

amusement
[əmjúːzmənt]

n. 재미, 즐거움, 오락

A ticket holder will receive a 15% discount at a certain area of the amusement park.
티켓 소지자는 놀이공원의 특정 지역에서 15% 할인을 받을 것입니다.

colleague
[káliːg]
영 [kɔ́liːg]

n. 동료

Perhaps if you asked her respectfully as a colleague she would send you a copy of the report.
만약에 당신이 그녀에게 공손하게 동료로서 부탁한다면, 그녀는 보고서 사본을 당신에게 줄 것입니다.

유 n. co-worker

combined
[kəmbáind]

a. 결합된, 합동의, 화합한

Around 100 workers would be forced out from the combined companies.
합병된 회사에서 약 100명의 직원이 퇴출될 것이다.

유 a. compounded
반 a. uncombined

Day 26

browse
[bráuz]

v. 연한 잎을 먹다, 읽다, 열람하다 n. 연한 잎, 열람, 검색

If you have additional questions, browse through this book.
추가적인 질문이 있다면, 이 책을 살펴보십시오.

유 v. surf

caution
[kɔ́:ʃən]

n. 조심, 신중 v. ~에게 경고하다

Most medical experts caution against taking too much exercise to lose weight.
대다수의 의학 전문가들은 체중 감량을 위해 운동을 너무 많이 하는 것은 위험하다고 경고한다.

반 n. incaution

certify
[sə́:rtəfài]

v. 보증하다, 증명하다

All documents must be either originals or copies certified by the issuing agency.
모든 서류는 발행 기관에서 인증 받은 원본이거나 복사본이어야 합니다.

유 v. assure
반 v. decertify

contradict
[kàntrədíkt]
[kɔ̀ntrədíkt]

v. 부정하다, 모순되다

The only strange thing was, they contradicted each other.
한 가지 이상한 점은, 그 두 가지가 서로 모순된다는 사실이었다.

유 v. deny

deny
[dinái]

v. 부인하다, 거절하다

She does not need to entirely accept or deny his theory.
그녀는 그의 이론을 완전하게 받아들이거나 거부할 필요가 없다.

유 v. contradict, repudiate
반 v. admit, allow

enclose
[inklóuz]

v. 에워싸다, 동봉하다, 넣다

Enclosed are the application form you will need to apply.
귀하의 지원에 필요한 지원서를 동봉합니다.

파 a. enclosed 둘러싸인

file
[fáil]

n. 서류철, 서류 **v.** 철하다, 제기하다

The files must be kept in secure containers where they can't be read easily by someone passing by.
서류들은 누군가가 지나가면서 쉽게 읽지 못하도록 비밀 컨테이너에 보관되어야만 한다.

graceful
[gréisfəl]

a. 우아한

The audience was extremely impressed by the graceful opera.
그 우아한 오페라에 관객들은 깊은 감동을 받았다.

유 a. delicate, elegant
반 a. awkward

immigrant
[ímigrənt]

n. 이민, 이주자 **a.** 이주자의

When a new immigrant enters a country, the surrounding people try to change the immigrant into what their culture or society expects.
새로운 이민자가 한 국가에 들어오면, 주변 인물들은 그 이민자를 자신의 문화와 사회적 기대로 변화시키려고 한다.

itinerary
[aitínərèri, itín-]
영 [aitínərəri]

n. 여행 스케줄, 방문지 리스트, 여행기

Attached is the purpose and itinerary of the visit.
첨부된 서류는 귀하의 방문 목적과 여행 일정표입니다.

junk
[dʒʌŋk]

n. 폐물, 고물 **a.** 고물의

Give up all junk food and cut back on your salt intake.
모든 영양가 없는 인스턴트 식품을 먹지 말고, 소금 섭취를 끊으십시오.

jury
[dʒúəri]

n. 배심, 심사 위원회 **v.** 심사하다, 평가하다

The grand jury indicted three former banking executives for fraud.
대배심원은 3명의 전직 은행 행정관들을 사기죄로 기소했다.

negotiate
[nigóuʃièit, -si-]

v. 협상하다, 협정하다, 교섭하다

There are a few issues we'll need to consider when we negotiate with different countries.
다른 나라와 협상을 할 때 고려해야 할 몇 가지 사항들이 있습니다.

≒ phr. deal with

panel
[pǽnl]

n. 패널(직사각형의 합판), 벽판, 토론자단 **v.** 패널[벽판]을 끼우다

You have to lift up the front panel to find a hand lever.
앞덮개를 올리면 수동식 레버를 찾을 수 있어요.

perception
[pərsépʃən]

n. 인식, 지각, 직관

There's a common perception that the board members waste hours every day just having a meeting
이사진들은 매일 회의를 하는 데만 수 시간씩 허비하고 있다는 인식이 널리 퍼져 있습니다.

persistent
[pərsístənt]

a. 고집 센, 완고한, 지속성의

Persistent discounts in the industry has led to intensely competitive pricing.
업계의 할인이 지속되면서 가격 경쟁이 치열해졌다.

≒ a. continual, stubborn

proficiency
[prəfíʃənsi]

n. 숙달, 능숙

He reached a reasonable level of proficiency in Microsoft Power Point and Excel.
그는 파워포인트와 엑셀에 관해 상당한 능력의 수준에 도달했다.

refined
[riːfáind]

a. 정제된, 세련된

Try changing your diet by reducing the amount of refined grains and sugars in your meals.
마지막으로 식사 시 정제된 곡식과 설탕의 양을 줄이도록 식단을 바꾸어야 합니다.

relevant
[réləvənt]

a. 관련된, 적절한, 상대적인

The association will seek help from relevant ministries.
협회에서는 관계 부처의 도움을 요청할 것이다.

유 a. applicable, pertinent
반 a. irrelevant

sightseeing
[sáitsìːiŋ]

n. 관광, 유람 **a.** 관광의, 유람의

In 2005 the route was open for sightseeing tours.
2005년에 그 길은 관광 여행을 위해 다시 열렸습니다.

suffer
[sʌ́fər]

v. 경험하다, 견디다, 괴로워하다

During a 2005 interview, Somers denied rumors that she had suffered from cancer.
2005년 인터뷰에서, 소머는 그녀가 암을 앓았다는 루머를 부인했다.

반 v. enjoy phr. be well

suppress
[səprés]

v. 억압하다, 억누르다, 참다

Taking this diet supplement will suppress your appetite and leave you feeling satisfied.
이 다이어트 보조제를 먹으면 식욕이 억제되면서 포만감을 느끼게 됩니다.

유 v. crush, control

surpass
[sərpǽs, -páːs]
영 [səpáːs]

v. ~ 보다 낫다, 능가하다, 초월하다

Damage estimates in the northwest region continue to surpass those for all the other regions combined.
북서부 지역의 재산 피해액은 다른 모든 지역 재산 피해액을 합한 것을 계속해서 웃돌고 있다.

파 a. surpassing 빼어난

suspect
[səspékt]

v. 짐작하다, ~이 아닌가 하고 생각하다 **n.** 용의자

Employees suspected of leaving the seats too often will be asked to justify their requests.
자리를 너무 자주 비운다고 의심이 가는 직원은 정당한 이유를 제시하라는 요구를 받게 될 것입니다.

유 v. disbelieve, distrust, doubt

takeover
[téikòuvər]

n. 인계, 인수, 탈취, 경영권 취득

Almost one thousand workers would be lost their jobs as a result of the takeover.
기업 인수로 거의 1천 명이 실직하게 되었다.

tenant
[ténənt]

n. 차용자, 거주자, 세입자

He can't collect a back rent other than by suing the tenant.
그는 세입자를 고소하는 것 이외에는 밀린 집세를 받을 방법이 없다.

유 n. occupant, guest, resident

transfer
[trænsfə́:r]

v. 옮기다, 이동하다, 갈아타다 **n.** 이전

Henry James will transfer to the accounting department next month.
헨리 제임스는 다음 달에 경리부로 팀을 옮길 것이다.

vehicle
[ví:ikl, ví:hi-]
영 [ví:ikl]

n. 탈것, 차

The vehicle can now be operated for up to 10 hours without being refueled.
그 자동차는 연료를 넣지 않고 최대 10시간 운행할 수 있다.

vinegar
[vínigər]

n. 식초

Bring vinegar, soy sauce, and pinch of sugar in a small saucepan to boil over low heat.
식초, 간장, 소량의 설탕을 작은 냄비에 넣고 약불에서 끓인다.

Day 27

award
[əwɔ́:rd]

v. 수여하다 **n.** 상

Accepting the award tonight is Mr. Logan Ferguson, president of Star & Moon Group.
오늘 밤 이 상을 수상하실 분은 스타앤문의 로건 퍼거슨 사장님이십니다.

㈜ v. adjudge, grant

burden
[bə́:rdn]

n. 무거운 짐, 짐, (배의) 적재력 **v.** 짐을 지우다

You can't load more than 1 ton on this ship of burden.
당신은 이 화물선에 1톤 이상 실을 수 없습니다.

㈜ v. unburden

complex
[kəmpléks]

a. 복잡한, 복합의 **n.** 복합체, 공장 단지

Rarely have the company's business conditions been more complex and subject to change.
회사 상황이 지금처럼 복잡하고 갈피를 잡기 어려운 때는 거의 없었다.

㈜ a. complicated, elaborate

confidence
[kάnfədəns]
영 [kɔ́nfədəns]

n. 신임, 자신

Confidence in government measures to shore up the economy is growing, too.
경제를 지지하고자 하는 정부 대책에 대한 신뢰도 역시 점점 높아지고 있습니다.

㈜ n. self-confidence, assertiveness

courtesy
[kə́:rtəsi]

n. 예의, 호의 **a.** 예의상의

Jenny's parents, please come to the Courtesy Booth at the front of the amusement park.
제니의 부모님 되시는 분은 놀이공원 앞에 있는 안내소로 와 주시기 바랍니다.

㈜ n. favor

cultivation
[kʌ̀ltəvéiʃən]

n. 경작, 재배, 양성

Every issue contains a collection of helpful articles topics ranging from decorating the house to foreign plants cultivation.
매 호마다 집 꾸미기에서부터 외래종 식물 재배법에 이르기까지 주제별로 유용한 기사들이 특집으로 실려 있습니다.

detour
[díːtuər, ditúər]

n. 우회, 우회로 **v.** 돌아서 가다

Construction on the Millwood Bridge required them to take a detour.
밀우드 다리 위의 건설 공사 때문에 그들은 우회해야 했다.

devise
[diváiz]

v. 궁리하다, 고안하다

They devised new processes and manufacturing techniques at the factory.
그들은 공장에서 새로운 공정과 제조 기술을 고안해 냈다.

discharge
[distʃáːrdʒ]

v. 짐을 부리다, 발사하다, 배출하다, 해방하다 **n.** 유출, 방출

The maximum discharge rate for a NiCb battery varies by size.
NiCb 배터리의 최대 유출률은 크기에 따라 달라진다.

유 v. free, dismiss

domestic
[dəméstik]

a. 가정의, 가정적인, 국내의 **n.** 하인

The domestic educational market will soon be opened to foreign universities.
국내 교육 시장이 곧 외국 대학들에 개방될 것이다.

유 a. national, internal, native
반 a. foreign

employ
[implɔ́i, em-]

v. 쓰다, 고용하다

This greater demand will make companies employ more people in order to output more.
이 엄청난 수요는 회사로 하여금 더 많은 생산을 위해 더 많은 사람을 고용하게 할 것이다.

forfeit
[fɔ́ːrfit]

n. 벌금, 상실 **v.** 상실하다

Any unused year off will not roll over and employees will forfeit the time.

사용하지 않은 연차는 이월되지 않으므로, 사원들은 휴가를 상실하게 됩니다.

유 v. claim

halfway
[hǽfwèi]

adv. 중도에서 **a.** 중간의

The construction of the university library is about halfway complete.

대학 도서관 건립이 칠반 정도 완료되었습니다.

유 a. central, intermediate

impressive
[imprésiv]

a. 강한 인상을 주는

The response from the public and the media to this event has been really impressive.

이 행사에 대한 대중과 언론의 호응이 아주 인상적입니다 (대단합니다).

유 a. expert, spectacular

jet lag
[dʒétlæg]

n. 시차로 인한 피로

If you are flying across many time zones, consider using "No Jet Lag" pills.

만약 여러 시간대를 비행하다면, "시차 없음" 알약을 사용하는 것을 생각해 보세요.

laundry
[lɔ́ːndri]

n. 세탁물, 세탁장, 세탁소

There are three bedrooms, a large livingroom, a large bathroom, a laundry, and an attic.

방이 세 개에, 널찍한 거실과 욕실, 세탁실과 다락도 있습니다.

mass
[mǽs]

n. 큰 덩어리, 모임, 일반 대중 **a.** 대중의

Enhanced mass transit services may also provide more comfortable riding.

향상된 대중교통 서비스는 또한 더 편안한 탑승을 제공할 것입니다.

유 n. lump a. collective

mount
[máunt]

v. 증가하다, 늘다, 오르다 **n.** 언덕, 산

Evidence continues to mount that bad habits play a key role in the course of nearly all major diseases.
나쁜 버릇과 관련된 요인들이 거의 모든 주요 질병의 진행에서 중요한 역할을 한다는 증거가 계속해서 나오고 있다.

반 v. wane

overnight
[óuvərnàit]

a. 밤을 새는, 밤새의, 익일 배달의 **n.** 밤새

Your order will be shipped to you via overnight courier.
주문하신 물건은 하루 걸리는 속달 서비스 편에 귀하께 보내 드리겠습니다.

rear
[ríər]

n. 뒤, 뒷부분 **a.** 후방의

Toilets and food service are available in the rear car.
뒤 쪽 객차로 가시면 화장실과 식당을 이용하실 수 있습니다.

represent
[rèprizént]

v. 나타내다, 의미하다, 대리하다

Remember, Calls of inquiry represents potential income for our company.
문의 전화는 우리 회사에 잠재적인 수입원을 의미한다는 점을 명심하십시오.

유 v. constitute, embody

retain
[ritéin]

v. 계속 유지하다, 간직하다, 고용하다

Please retain these e-mails for future reference.
앞으로 참고할 수 있도록 이 이메일들을 보관하고 계십시오.

유 v. keep, maintain, preserve, hire

scatter
[skǽtər]

v. 흩뿌리다, 뿌리다, 뿔뿔이 흩어지다

Scatter a pinch of salt and pepper over the sliced fish.
소량의 소금과 후추를 얇게 잘라진 생선 위에 뿌린다.

유 v. spread, strew, disperse
파 a. scattered 뿔뿔이 흩어진

statement
[stéitmənt]

n. 말함, 진술, 계산서

Always check the credit card statement for erroneous charges.
잘못된 요금이 있는지 항상 신용카드 명세서를 확인하십시오.

※ n. comment, announcement, remark

stir
[stə́:r]

v. 휘젓다, 움직이다, 자극하다

Add sugar and orange juice in it and stir.
여기에 설탕과 오렌지주스를 넣고 잘 섞는다.

※ v. beat, whip, whisk

suburb
[sʌ́bə:rb]

n. 교외, 근교

Traffic jams are caused on the highway because many people from the suburbs work downtown.
교외 거주자들의 대다수가 시내로 출퇴근하기 때문에 간선도로에 교통체증이 일어난다.

summarize
[sʌ́mərài̇z]

v. 요약하다

Call this number if you would like to see the more detailed information that this summarizes.
여기서 요약한 정보의 보다 상세한 내용을 보고 싶으시면 이 번호로 전화 주십시오.

※ phr. sum up   v. condense

tremendous
[triméndəs]

a. 거대한, 굉장한, 무서운

We have been using tremendous amounts of oil and gas.
기름과 가스가 엄청난 양으로 소비되었습니다.

※ a. huge, dreadful

utensil
[ju:ténsəl]

n. 기구, 용품, 가정용품

The flea market was overflowing with colorful sports wear and a wide variety of kitchen utensils.
그 벼룩시장은 화려한 색깔의 운동복과 다양한 부엌 용품들로 넘쳐났다.

Day 28

accelerate
[æksélərèit, ək-]

v. 속력을 빠르게 하다

The automobile accelerated to its full speed.
그 자동차는 최고 속도까지 속력을 높였다.

- phr. speed up v. speed, hasten
- a. accelerated 속도가 붙은

analyze
[ǽnəlàiz]

v. 분석하다, 해석하다

It will take three days to enter the problems into the computer, and at least 10 days to analyze them.
문제를 컴퓨터에 입력하는 데 사흘이 걸리고, 그 문제를 분석하는 데는 최소한 열흘이 걸릴 것이다.

- v. synthesize

arouse
[əráuz]

v. 깨우다, 자극하다

The consumer groups tried to arouse public opinion against the bill.
그 소비자 단체는 그 법안에 대한 반대 여론을 환기시키려고 하였다.

- v. awake, excite

belly
[béli]

n. 배, 복부

A pair of pants with waist-rubber band works well if your belly is not quite pancake flat.
허리선이 고무 밴드로 된 바지는 배가 약간 나온 사람들한테 좋다.

cater
[kéitər]

v. 음식물을 조달하다, 오락을 제공하다

Smith's Catering Services will offer the best value for your reception.
스미스의 음식 제공 서비스는 당신의 연회에 최고의 가치를 제공할 것입니다.

· Part2 - Day28 · 161

conscience
[kάnʃəns]
영 [kɔ́nʃəns]

n. 양심

They seem to heed knowledge more than conscience.
그들이 중요하게 생각하는 건 양심이 아니라 지식인 듯 보인다.

drought
[dráut]

n. 가뭄

Among the improved breeds are drought-resistant corn, soybeans, cotton, and oil-producing canola.
개량종 가운데는 가뭄 내성이 강한 옥수수와 콩, 면화, 기름 원료인 카놀라가 있다.

enthusiastic/ enthusiastical
[inθù:ziǽstik(əl), en-]
영 [inθjù:ziǽstik]

a. 열렬한, 열광적인

They are receiving enthusiastic support from the police, local authorities, and the public
그들은 경찰, 현지 당국자, 그리고 대중으로부터 열렬한 지지를 받고 있다.

establishment
[istǽbliʃmənt]

n. 시설, 설립, 설립물

Most commercial establishments will be closed on Wednesday in observance of May Day event.
대부분의 상업 시설들은(회사)들은 이번 수요일에 근로자의 날 행사를 경축하여 업무를 보지 않는다.

execute
[éksikjù:t]

v. 실행하다, 집행하다, 사형에 처하다

Passengers are most likely to lose their balances and tumbled over when the bus driver is executing a turn.
승객들은 버스 운전자가 방향을 바꾸는 것을 실행할 때(바꿀 때) 균형을 잃고 넘어질 가능성이 가장 높다.

유 phr. carry out

grief
[gri:f]

n. 큰 슬픔, 비탄

Media reports should not intrude on people's private grief.
언론 보도가 사람들의 사적인 슬픔을 침해해서는 안 된다.

유 n. sorrow, sadness, unhappiness

indicative
[indíkətiv]

a. 나타내는, 직설법의

All data represent present performance, and should not be considered indicative of future results.

모든 데이터들은 현재 실적을 나타내는 것으로, 미래의 결과치를 나타내는 것으로 간주해선 안 된다.

🔁 a. revealing

leak
[líːk]

n. 새는 구멍 **v.** 새다, 새게 하다

You can't fix all the oil leaks in the country, but you can fix yours.

나라의 모든 기름 누출 부분을 수선할 수는 없지만, 당신 것은 할 수 있잖아요.

🔁 v. seep, drip, discharge

loyal
[lɔ́iəl]

a. 충성스러운, 성실한 **n.** 충신, 애국자

Personal attention and affordable price are why our customers are loyal to us.

개인적 관심과 적당한 가격은 손님들이 우리에게 단골인 이유입니다.

🔁 a. faithful, nationalistic

memorandum
[mèmərǽndəm]

n. 비망록, 메모, 각서

I have attached to this memorandum a copy of our current catalog for the products you ask for.

이 메모에 요청하신 제품에 대한 카탈로그 한 부를 첨부했습니다.

off-season
[ɔ́ːfsíːzn]

a. 한산한 시기의 **n.** 한산한 시기

To encourage off-season travel, the major hotel industry is now offering deeply discounted rates to most popular destinations.

비수기 여행을 장려하기 위해 주요 호텔 업계들은 지금 대다수 인기 여행지의 숙박 요금을 대폭 할인된 가격에 판매하고 있다.

outskirts
[áutskə̀ːrt]

n. 변두리, 교외

We have booked a room at a wonderful hotel on the outskirts of town.

교외에 있는 멋진 호텔에 방이 예약되어 있습니다.

pastime
[pǽstàim]

n. 기분 전환, 오락

One of the America's favorite pastime was the game of billiards.
미국인들이 가장 좋아하는 오락 활동 중 하나는 당구였다.

유 n. interest, pursuit

plank
[plǽŋk]

n. 널빤지, 두꺼운 판자, 지지물

His assistant is holding a plank of wood above some cables.
그의 조수는 케이블 위로 나무 받침대를 들고 있다.

유 n. board

plaster
[plǽstər]

n. 회반죽, 가루 석고, 반창고

The small cracks in plaster had been filled with toothpaste.
회반죽을 바른 벽에 생긴 틈은 치약으로 메워졌다.

refreshment
[rifréʃmənt]

n. 원기 회복, (pl.) 다과

Everyone is invited, and refreshments and light snacks will be served.
전원 참석해 주시기 바랍니다. 다과와 가벼운 스낵이 마련될 예정입니다.

remedy
[rémədi]

n. 치료, 치료약 **v.** 치료하다

Most studies suggest ginko is an effective and safe remedy for age related confusion and memory loss.
대부분의 연구들은 은행이 나이 관련 정신질환과 기억력 감퇴에 효과적이고 안전한 치료약이라고 제안한다.

reproduce
[rì:prədú:s]
영 [rì:prədjú:s]

v. 재생하다, 복사하다, 생식하다

If you are injected with growth hormones, your body's cells will begin to reproduce at a more rapid rate.
일단 성장 호르몬을 맞으면, 당신의 신체 세포들은 좀더 빠른 비율로 증식하기 시작할 것입니다.

resist
[rizíst]

v. ~에 저항하다, 반대하다, 삼가다

Some users resist the anti-smoking lectures.
금연 프로그램을 듣고가하지 않는 사람들도 있습니다.

- v. oppose

startling
[stáːrtliŋ]

a. 깜짝 놀라게 하는, 놀라운

The minister has put together a startling array of new real estate, construction, and housing plans.
장관은 부동산, 시공, 주택에 관한 놀라운 계획들을 내놓았다.

- a. surprising
- adv. startlingly 놀랍도록

storage
[stɔ́ːridʒ]

n. 저장, 창고, 기억 장치

USB ports are becoming the most popular data storage medium.
USB 장치는 이제 가장 대중적인 데이터 저장 매체로 이용되고 있다.

- n. memory

stray
[stréi]

v. 길을 잃다, 빗나가다 **a.** 길 잃은

The Wood Green animal shelter finds homes for nearly 1,500 stray dogs each year.
우드 그린 동물 보호소는 매년 1천 5백 마리에 가까운 떠돌이 개들에게 보금자리를 찾아주고 있다.

- v. wander, deviate

tension
[tén∫ən]

n. 긴장

Yoga is also a good way for you to relieve muscle tension and reduce stress.
요가는 또한 당신이 근육 긴장을 이완하고, 스트레스를 줄이는 데 좋은 방법이 됩니다.

- n. strain
- a. tensioned 긴장된

trainee
[treiníː]

n. 훈련받는 사람, 직업 훈련을 받는 사람

Trainees can attend the one-week workshop instead of taking online education programs.
훈련생들은 온라인 강좌를 듣는 대신 1주간의 워크샵에 참석할 수 있다.

basement
[béismənt]

n. 최하부, 지계, 지하실

The old invaluable wine is kept in a basement storage area.
오래된 귀한 와인은 지하 창고에 보관되어 있다.
㉾ n. cellar

carton
[ká:rtn]

n. 큰 상자, 판지 상자, 큰 판지 상자

These parts were missing from the original packing carton of the toy soldier I purchased.
제가 구입한 장난감 병정의 원래 포장 상자에는 이 부품들이 없었습니다.

conference
[kánfərəns]

n. 협의, 회의

The first conference is scheduled for 2:00 p.m. tomorrow.
첫 번째 회의는 내일 오후 2시에 있을 예정이다.
㉾ n. meeting

confirmation
[kànfərméiʃən]

n. 확정, 확인

I'm still waiting for your confirmation of its safe arrival.
저는 아직도 잘 도착했는지에 대한 확인을 기다리고 있습니다.

consequently
[kánsəkwèntli, -kwənt-]
영 [kɔ́nsikwəntli]

adv. 그 결과

Consequently, most migrant workers are employed in 3D industires.
그 결과, 대부분의 외국인 근로자는 3D 업종에서 일하고 있다.
㉾ adv. therefore

convention
[kənvénʃən]

n. 집회, 협정, 총회

Millennium Hall is also too small for our convention.
밀레니엄 홀 역시 저희 총회 규모에 비해 너무 작습니다.

유 n. agreement

convey
[kənvéi]

v. 나르다, 전달하다, 알리다

Please convey this document to him.
이 서류를 그에게 전해 주세요.

유 v. transport, transmit, communicate
반 phr. take away

encouraging
[inkɔ́:ridʒiŋ, en-]
영 [inkʌ́ridʒiŋ]

a. 격려의, 힘을 북돋아 주는, 유망한

Students are responding positively, which is encouraging.
학생들의 반응도 긍정적이어서, 상당히 고무적입니다.

유 a. supportive
반 a. discouraging

exceed
[iksí:d]

v. 넘다, 초과하다

Radiant Corp. said that second-quarter earnings rose by 23%, exceeding market forecasts.
레이디언트 사는 2/4분기 수익이 시장의 예측을 넘어서서 23% 증가했다고 발표했습니다.

파 a. exceeding 엄청난
   adv. exceedingly 대단히

executive
[igzékjutiv]

a. 실행의, 행정적인, 중역의 **n.** 임원, 관리직

I'm attaching a copy of the executive summaries, tables and charts.
임원용 요약 사본과 도표, 차트를 첨부합니다.

faculty
[fǽkəlti]

n. 능력, 재능, 학부, 대학·고교의 전교 직원

Please meet in the faculty room by 3 P.M. on Monday March 16.
3월 16일 월요일 오후 3시까지 직원 회의실로 모여 주십시오.

유 n. skill, function, staff

fundamental
[fʌ̀ndəméntl]

a. 기본적인, 중요한

Now all we need is sweeping and fundamental reform.
현재 우리가 필요로 하는 것은 전면적이고 근본적인 개혁입니다.

hike
[háik]

v. 하이킹하다, 올리다 **n.** 도보 여행

Parks are popular with people who prefer to jog, and hike in outdoor settings.
공원은 야외에서 조깅이나 하이킹하는 것을 선호하는 사람들에게 인기 있는 장소이다.

incredible
[inkrédəbl]

a. 놀라운, 믿어지지 않는

Hollywood has the incredible ability to influence a huge number of people all over the world.
할리우드는 전 세계의 엄청나게 많은 사람들에게 영향을 미치는 놀라운 능력을 지니고 있다.

incur
[inkə́:r]

v. 초래하다, (빚을) 지다, (손실을) 입다

Students should be responsible for any damages incurred to desks, chairs, computers or windows during class.
학생들은 수업 시간 중 책상, 의자, 컴퓨터, 유리창 등에 파손이 생길 경우 그에 대한 책임을 져야 한다.

interfere
[ìntərfíər]

v. 방해하다, 간섭하다

Ensure that nothing interferes with your taking on different jobs.
그 어떤 것도 당신의 이직에 걸림돌이 되지 않도록 해 두십시오.

miniature
[míniətʃər]

n. 축소 모형, 세밀화 **a.** 소형의

From the miniature model, it's obvious that the results will be very impressive.
축소 모형을 보니까, 다 완성되고 나면 아주 인상적인 결과물이 될 것이 분명합니다.

monopoly
[mənápəli]

n. 전매, 독점, 전매 회사

The sales of tobacco and ginseng steamed red are a government monopoly.
담배와 홍삼 사업은 정부가 전매한다.

pollution
[pəlúːʃən]

n. 공해, 오염

Added benefits will come from a reduction in cost and ground pollution.
아울러 비용과 토양 오염을 줄이는 부가적인 이점도 생길 것입니다.

premier
[primjíər]

n. 수상, 국무총리 **a.** 첫째의, 으뜸의, 최고의

It is my pleasure to welcome you to the Polish Academy of Science, Polish's premier international grade school.
폴란드 최고의 국제 수준의 학교인 폴란드 학술원에 모시게 되어 기쁩니다.

premium
[príːmiəm]

n. 할증금, 보험료 **a.** 고급의

Health insurance premiums rise rapidly, as other taxes become increasingly expensive.
다른 세금이 점점 비싸지면서 의료 보험료도 크게 올랐다.

유 a. superior

recline
[rikláin]

v. 기대게 하다, 기대다, 눕다

When the person in the front seat reclines, it's a painful experience.
앞좌석 사람이 뒤로 누우면, 고통스런 경험이 됩니다.

spur
[spəːr]

n. 박차, 자극 **v.** 박차를 가하다, 몰아대다, 자극하다

The band has been spurred on by the success of their last single.
그 밴드는 그들의 지난 싱글 앨범의 성공으로 인해 활기를 띠었다.

tariff
[tǽrif]

n. 관세

In addition, tariffs and domestic support are likely to be discussed.
그 외에도, 관세와 국내 보조금에 대해서도 논의될 것으로 보입니다.

transcribe
[trænskráib]

v. 베끼다, 필기하다, 바꿔 쓰다

I have several long interviews on cassette tapes I need to transcribe.
카세트 테이프에 받아 적어야 할 긴 인터뷰들이 몇 건 담겨 있어요.

vacancy
[véikənsi]

n. 공허, 빈터, 빈자리

We need to hire someone to fill the vacancy in our department.
우리 부서의 빈자리를 채울 사람을 뽑아야 합니다.

vigorous
[vígərəs]

a. 정력적인, 원기 왕성한

The residents made a vigorous argument for allowing community members free use of some of their land.
주민들은 그들 땅의 일부를 자유롭게 이용하도록 하자는 열띤 주장을 폈다.

유 a. robust, energetic

witness
[wítnis]

n. 목격자, 증거 **v.** 목격하다, 입증하다

A witness said three of them were men.
목격자는 그들 세 명은 남자였다고 말했다.

유 n. observer, onlooker, passer-by

workout
[wɔ́ːrkàut]

n. 워크아웃, 연습, 연습 경기, 운동, 점검, 검사

If you feel you're not getting enough of a workout, ride a bicycle 20 minutes more.
운동량이 충분하지 않다고 생각되면 자전거를 20분 더 타세요.

Day 30

abundant
[əbʌ́ndənt]

a. 풍부한, 풍족한

The park is famous for its scenic walks, peaceful lakes and abundant animal life.
그 공원은 경관 좋은 산책로와 조용한 호수, 그리고 다양한 동물들이 사는 곳으로 유명하다.

유 a. rich, thick, plentiful

admission
[ædmíʃən, əd-]
영 [ədmíʃən]

n. 들어감을 허락함, 입장

Admission to the gallery is free and open to the general public.
미술관 입장은 무료이며 일반 대중에게 열려 있습니다.

appetite
[ǽpətàit]

n. 식욕, 욕망

Symptoms may include upper abdominal discomfort, weight loss, and loss of appetite.
증상은 윗배의 불편함, 체중 감소, 그리고 식욕 부진을 포함할 수 있다.

유 n. hunger, desire, longing

array
[əréi]

v. 정렬시키다 **n.** 정렬

For skin conditions, an array of oils can added to a bath.
피부 상태에 따라, 이 일련의 기름들을 목욕할 때 추가할 수 있습니다.

bulk
[bʌ́lk]

n. 부피, 대부분 **a.** 대량의 **v.** 부피가 커지다

Although the professor had several assistants, the bulk of the research was done by himself.
그 교수는 조수가 몇 명 있었지만, 연구의 대부분을 자신이 직접 했다.

반 n. minority

calculate
[kǽlkjulèit]

v. 계산하다, 추정하다

The software appears salaries, workers' time, and bill payments, and also **calculates** profits.

그 소프트웨어는 봉급, 근로 시간 및 청구서 결제를 보여줄 뿐만 아니라 수익을 계산해 준다.

유 v. count

clarify
[klǽrəfài]

v. 뚜렷하게 하다, 설명하다

I would like to **clarify** what is considered a reasonable behavior.

합리적인 행동이 어떤 것인지에 대해 분명히 하고자 합니다.

유 v. explain

commodity
[kəmádəti]
형 [kəmɔ́dəti]

n. 상품, 일용품

Today, shelving unit is the biggest-selling **commodity** on the web.

요즈음 인터넷에서 가장 잘 팔리는 상품은 단연 선반 조립 세트이다.

consent
[kənsént]

v. 동의하다, 승낙하다 **n.** 동의, 승인

It is only with the **consent** of the members that the event will go forward.

멤버들의 승인이 나야만 그 행사를 추진할 수 있다.

반 v. refuse, dissent

contaminate
[kəntǽmənèit]

v. 오염시키다, 더럽히다

Many of the **contaminated** imports have already been removed.

오염된 수입품들의 상당량이 이미 치워졌다.

유 v. defile
반 v. decontaminate

crisp
[krísp]

a. 파삭파삭한, 아삭아삭하는

Oil that is not hot enough will not make **crisp** chicken.

충분히 뜨겁지 않은 기름으로는 바삭바삭한 치킨을 만들 수 없습니다.

유 a. fresh, distinct, tender

customize
[kʌ́stəmàiz]

v. 주문에 응하여 만들다, 자기 취미에 맞도록 설정을 바꾸다

Our store can also customize our pullout system to suit your needs.
우리 상점은 고객의 필요에 맞추어 넣고 빼는 형태의 제품을 주문 맞춤형으로 제작해 드릴 수도 있습니다.

departure
[dipá:rtʃər]

n. 출발, 이탈

Please come to the departure area no later than 2:30.
2시 30분까지는 출발 대기 구역으로 와 주시기 바랍니다.

endure
[indjúər, en-]
영 [indjúə]

v. 참다, 견디다

About 1.7 million Indians endure cancer pain each year.
약 170만 인디언들이 매년 암의 고통을 견디고 있습니다.

반 v. enjoy

extract
[ikstrǽkt]

v. 뽑다, 뽑아내다, 추출하다, 받아내다 **n.** 추출물

Some drugs, like cocaine and morphine are extracted from plant sources.
코카인과 모르핀과 같은 마약들은 식물 원료에서 추출됩니다.

유 phr. pull out   v. distil, draw

installment/ instalment
[instɔ́:lmənt]

n. 분할 불입, (전집·연재물 등의) 1회분, 한 권

We sell the consumer a product for installment payments.
그들은 소비자에게 분할 납입을 하는 제품을 판매합니다.

lodge
[lάdʒ]

n. 조그만 집, 별장 **v.** 숙박하다, 숙박시키다

Before leaving the city be sure to stop in Mrs. Smith's Lodge.
도시를 떠나기 전에 꼭 스미스 부인이 운영하는 별장에 들르세요.

반 v. dislodge

medieval
[mìːdíːvəl]

a. 중세의, 고풍의

He was a very influential art historian who studied Byzantine and medieval art.

그는 비잔틴과 중세 미술을 공부하는 매우 영향력 있는 예술 역사가였다.

㉠ a. antiquated

moderate
[mάdərət]
영 [mɔ́dərət]

a. 절제있는, 알맞은, 값이 알맞은 **n.** 온건한 사람 **v.** 절제하다

The cost of installing the home network system is moderate when measured against its usefulness.

가정 네트워크 시스템 설치 비용은 그 효율성을 따져 볼 때 값이 알맞은 것이다.

㉡ a. extreme, excess

oral
[ɔ́ːrəl]

a. 구두의, 구술의

Yet the importance of oral hygiene cannot be overemphasized.

그럼에도 구강 위생의 중요성은 아무리 강조해도 지나치지 않습니다.

overseas
[ðuvərsíːz]

adv. 해외로, 외국으로 **a.** 해외로 가는, 외국행의

Many automotive engines are made overseas now.

많은 자동차 엔진들은 현재 외국에서 생산되고 있다.

㉠ a. foreign, marine

plain
[pléin]

a. 명백한, 분명한 **n.** 평지

One tundra ecosystem is the Arctic Coastal Plain, where plant life increases and animal life thrives.

툰드라 생태계의 하나로 북극해 연안 평지가 있는데, 그 곳에 식물이 증가하며 동물이 번성한다.

㉠ a. evident

pledge
[plédʒ]

n. 맹세, 담보 **v.** 맹세하다, 서약하다

The mayor pledged to make Sydney more environmentally friendly.

시장은 시드니를 좀 더 환경 친화적으로 만들겠다고 약속했다.

portable
[pɔ́ːrtəbl]

a. 들고 다닐 수 있는, 휴대용의

Buy an electric heater that is easily portable.

쉽게 이동할 수 있는 전기 히터를 구입하세요.

유 a. movable

surprisingly
[sərpráiziŋli]

adv. 놀랄 만큼, 대단히

Thus, the cellular phones are surprisingly light considering their size.

그래서, 그 휴대폰은 그 크기에 비해 놀랄만큼 가볍습니다.

swarm
[swɔ́ːrm]

n. 무리, 떼 **v.** 떼를 짓다

Some people captured swarms of wild bees and cultivated honey.

일부 사람들은 야생 벌떼와 재배된 꿀에 매료되었다.

transit
[trǽnsit, -zit]

n. 통과, 변화, 운송 **v.** 운송하다, 횡단하다

Despite the fact that the books they contained had been damaged in transit.

그런데 문제는 안에 든 책들이 운송 중에 파손되었다는 사실입니다.

유 phr. pass through, move through, pass across

widespread
[wáidspréd]

a. 널리 보급된, 넓게 펼쳐진, 광범위한

Most of the East will be cold, with widespread evening thundershowers.

동부 지방은 대체로 쌀쌀하며, 저녁에 천둥을 동반한 소나기가 전역에 내리겠습니다.

유 a. general, distributed

workplace
[wə́ːrkplèis]

n. 일터, 작업장

Employee benefits are essential in today's workplace.

요즘 사업장에서는 직원 복지혜택이 필수적이다.

Part 03

고급 어휘 익히기

860점 목표 단계!

Day 31 ~ Day 45

Day 31

astronomy
[əstránəmi]

n. 천문학

Study for the astronomy exam days before the course begins.
과정이 시작되기 전에 천문학 시험 날들을 대비해 공부하세요.

attain
[ətéin]

v. 달성하다, 도달하다, 얻다

They each have a role, and a joint investment is required in order to attain mutual benefits.
그들 각각은 맡은 역할이 있으며, 서로에게 이익이 되도록 하기 위해서는 공동 투자가 필요합니다.

유 v. accomplish

comparison
[kəmpǽrəsn]

n. 비교, 유사, 필적

It is difficult to make a comparison with his previous book;they are completely different.
그의 이전 책과 비교를 하는 것은 어렵다. 그것들은 완전히 다른 것이다.

유 n. analogy

confine
[kənfáin]

v. 한정하다, 가두다, 제한하다

The speaker at the seminar confined herself to one topic.
그 세미나의 발표자는 하나의 주제에만 이야기를 국한했다.

consignment
[kənsáinmənt]

n. 위탁, 탁송, 위탁 화물, 위탁 판매품 **a.** 위탁 받은

We believe that the consignment arrives safe and sound.
위탁 화물이 무사히 도착할 것으로 믿습니다.

delegate

n.[déligət]
v.[déligeit]

n. 대표, 사절 **v.** 특파하다, (권한 등을) 위임하다

The boss delegated his responsibilities to a deputy.
사장은 자신의 책무를 대리인에게 위임했다.

유 n. deputy

demanding

[diméndiŋ]

a. 요구가 지나친, 지나친 요구를 하는

She is very demanding of directors and colleagues.
그녀는 이사들과 동료들에게 많은 것을 요구한다.

유 a. strict, tight, rigorous

dictate

[díkteit]
영 [diktéit]

v. 강요하다, 지시하다, 받아쓰게 하다

Most young children have no idea how to dictate.
어린 아이들은 대부분 받아쓰기 하는 방법을 전혀 모른다.

dispute

[dispjú:t]

v. 논쟁하다, 논하다, 토의하다 **n.** 논쟁

There have been many disputes over the proper way to train animal actor.
동물 배우들을 훈련시키는 적절한 방법에 관해 많은 논쟁이 있어 왔다.

embark

[imbá:rk, em-]

v. 태우다, (사업 등에) 투자하다, 착수하다

I'm so happy to hear that you've embarked on a new career.
당신이 새로운 직종의 일을 시작했다는 소식을 들어 매우 기쁩니다.

반 v. disembark

essential

[isénʃəl]

a. 본질적인, 필수적인

There were no institutions at that time to teach us essential skills.
그 당시에는 우리에게 필수적인 기술을 가르쳐 줄 기관이 없었다.

유 a. intrinsic, indispensable, necessary

excessive
[iksésiv]

a. 과도한, 지나친

Doctors have warned against excessive drinking, saying that drinking at freshman welcoming parties is very dangerous.
의사들은 지나친 음주가 매우 위험하며, 신입생 환영회에서의 음주에 대해 경고하고 있다.

expedition
[èkspədíʃən]

n. 원정, 여행

These fortunate couples will never forget this expedition.
여기 운 좋은 부부들은 이 여행을 절대 잊지 못할 것입니다.

파 a. expeditionary 원정의, 탐험의

fume
[fjúːm]

n. (pl.) (유해·불쾌한) 연기, 김, 증기 **v.** 연기나다

To escape the fumes, I am considering staying in a hotel until the construction is finished.
이 연기를 피해서, 치료가 끝날 때까지 호텔에서 머물까 생각 중입니다.

hazard
[hǽzərd]

n. 위험, 위험 요소

Safety inspectors figured that the plant had many fire hazards.
안전 진단가들은 공장이 화재 위험 소지를 많이 가지고 있다고 판단했다.

유 n. danger

institution
[ìnstətjúːʃən]
영 [ìnstətjúːʃən]

n. 학회, 시설, 제도, 설립

Some economic analysts predict that the end of the year will be hard on local financial institutions.
일부 경제학자들은 올해 말에 지방 금융 기관들이 어려움을 겪을 것으로 내다보고 있다.

liability
[làiəbíləti]

n. 책임 있음, 부담, 의무, 부채

I assumed full liability for my father's debts.
나는 나의 아버지가 빌린 돈에 대해 전적으로 책임을 졌다.

반 n. asset

literacy
[lítərəsi]

n. 읽고 쓸 줄 앎, 식자

The high literacy rate has improved the efficiency of newspaper advertising.
높은 식자율은 신문 광고의 효과를 향상시켰다.

반 n. illiteracy

notion
[nóuʃən]

n. 개념, 관념, 생각

The notion of using the good materials give them extra incentive to buy.
명성 있는 좋은 재료를 사용한다는 생각 또한 구매를 자극하고 있습니다.

유 n. idea
파 a. notional 개념적인

outage
[áutidʒ]

n. 기계의 운전 정지, 정전

In the event of a power outage, the plant would supply electricity to the Pohor plant.
정전 시에, 그 공장은 포호 공장으로 전기를 공급할 것이다.

philosophy
[filásəfi]

n. 철학

That means our investment philosophy is typically safety-oriented and risk free.
그건 바로 저희의 투자 철학이 전형적으로 안전 지향적이며 위험을 무릅쓰지 않는다는 것입니다.

province
[právins]
영 [próvins]

n. 주, 지방

A rainstorm has been forecasted for the northwestern province.
북서 지방에는 폭우가 내릴 것이라는 예보가 있었다.

realistic
[rì:əlístik]
영 [rìəlístik]

a. 현실주의의, 현실적인

Now we want dramas and movies to give us something even more realistic.
이제는 훨씬 더 사실적인 장면을 보여 주는 드라마와 영화를 보고 싶은 겁니다.

유 a. pragmatic, practical, authentic
반 a. unrealistic

refuge
[réfju:dʒ]

n. 피난, 피난처

And so is an air conditioned shopping center where I take refuge on a very hot day.
그리고 에어컨이 나오는 쇼핑센터는 매우 더운 날 내가 피난처로 삼는 곳이다.

유 n. shelter, sanctuary

resolute
[rézəlù:t]

a. 굳게 결심한, 단호한

We'll see whether or not that is the resolute position of their companies.
우리는 그것이 그들 회사의 확고한 입장인지 아닌지 지켜볼 것입니다.

유 a. determined

sole
[sóul]

a. 단 하나의, 단독의

Daisy Cowle, the sole beneficiary of her husband's will, inherited £1895.
데이지 코울은 그녀 남편의 유언에 따라 유일한 수혜자로, 1895 파운드를 상속받았다.

유 a. single

span
[spǽn]

n. 한 뼘, 기간 **v.** 뼘으로 재다, 눈대중하다

Plastic has a short life span and is rarely recycled.
플라스틱은 수명이 짧고, 거의 재활용되지 않습니다.

stubborn
[stʌ́bərn]

a. 완고한, 고집 센, 다루기 힘든, 좀처럼 낫지 않는

This can help remove the stubborn stains from carpets.
이것은 카펫트의 찌든 얼룩을 제거하는 데 효과적입니다.

유 a. obstinate, wilful, strong-willed
반 a. docile

alter
[ɔ́:ltər]

v. 변경하다, 바꾸다, 달라지다

We found direct evidence that the records had been altered.
기록이 변조되었다는 직접적인 증거를 찾았다.
- v. change

alternate
v. [ɔ́:ltərnèit, ǽl-]
명 [ɔ́:ltərnèit]
a. [ɔ́:ltərnət]

v. 번갈아 일어나다, 교체하다 **a.** 번갈아 하는, 하나씩 거른

Now the staff works just Wednesday, Fridays and alternate Saturdays.
현재 그 직원은 수요일과 금요일, 그리고 격주로 토요일에만 일을 하고 있습니다.
- a. secondary, cyclic

apparel
[əpǽrəl]

n. 의복, 의상 **v.** ~에게 의복을 입히다

The bag may also have a smell of leather similar to that found on leather apparel when first unpacked.
가죽 옷 포장을 처음 뜯었을 때 나는 것과 비슷한 가죽 냄새가 가방에서 날 수가 있습니다.
- v. dress phr. get dressed
- v. undress

civic
[sívik]

a. 시민의, 도시의

The Civic Center also holds free shows each year.
시민센터는 또한 매년 무료 쇼를 개최한다.

compliance
[kəmpláiəns]

n. 응함, 따르기, 준수

We appreciate your compliance with all codes.
여러분들이 모든 규정을 준수해 주시면 감사하겠습니다.

confer
[kənfə́ːr]

v. 협의하다, 교섭하다, 수여하다

He thinks that our development of an affordable electric vehicle will confer a benefit on other countries.
그는 우리의 적당한 가격의 전기 자동차 개발이 다른 나라들에도 혜택을 줄 것이라고 생각한다.

유 v. grant
파 n. conference

criticize/ criticise
[krítəsàiz]

v. 비평하다, 비난하다

The media was criticized for its lascivious coverage of the story.
그 방송은 보도 내용이 선정적이라고 비난받았다.

유 v. blame

deliberate
a. [dilíbərət]
v. [dilíbəreit]

a. 신중한, 고의의 **v.** 숙고하다, 심의하다

The making of a great surgeon is a deliberate process.
훌륭한 의사를 만들어 내는 것은 아주 신중한 과정입니다.

유 a. intended, conscious, intentional

dense
[déns]

a. 밀집한, 조밀한, 고밀도의

The trees produce a dense wood used for timber in making houses and furniture.
그 나무들은 집과 가구를 만드는 목재로 이용되는 고밀도의 목재를 생산해 낸다.

유 a. heavy, thick
반 a. sparse

destination
[dèstənéiʃən]

n. 목적지, 도착지

The anniversary gift has been sent ahead to their destination.
결혼 기념 선물이 그들의 도착지로 보내졌다.

disappointment
[dìsəpɔ́intmənt]

n. 실망, 기대에 어긋남

The chairman expressed disappointment at a deficit at $37 billion, up from 2007.

회장은 2007년부터 370억 적자를 나타낸 것에 대해 실망감을 나타냈다.

유 n. let-down

diversify
[divə́ːrsəfài, dai-]

v. 여러 가지로 변화시키다, 다각화하다, 투자를 분산하다

The on-line education project will help the company diversify.

온라인 교육 사업은 그 회사의 사업 다각화에 도움이 될 것이다.

genuine
[dʒénjuin]

a. 진짜의, 진품의

We can have our fill of genuine curry dish at that restaurant.

저 식당에서는 진짜 카레 요리를 만끽할 수 있다.

유 a. good, true, authentic
반 a. counterfeit

impression
[impréʃən]

n. 인상, 감명, 느낌

It's a clear impression that her family was wealthy.

그녀의 가족이 부유하다는 인상을 분명히 받았다.

inclined
[inkláind]

a. 싫어하는, ~ 할 생각이 있는

We are less inclined to just listen to his words and waste a lot of time.

단지 그의 말을 듣거나, 많은 시간을 낭비하는 것을 별로 내키지 않습니다.

유 a. willing, prone

institute
[ínstətjùːt]

v. 세우다, 설립하다 **n.** 협회, 연구소, 기관

Many of the Institute's welfare programs are pursued in close association with four research centers.

많은 그 기관의 복지 프로그램은 네 곳의 연구소와 밀접하게 제휴되어 수행된다.

유 v. establish

integrity
[intégrəti]

n. 고결, 완전, 청렴

This event is successful because of the honesty and integrity of the participants.
이 행사는 참가자들의 정직함과 청렴함으로 인해 성공적이다.

유 n. honesty

mature
[mətjúər, -tʃúər]
영 [mətjúə, -tʃúə]

a. 익은, 심사숙고한 **v.** 성숙시키다

Most streets in Weston are lined with huge mature trees, some well over 150 years old.
웨스톤의 대부분의 거리에는 커다란 성장한 나무가 늘어서 있는데, 일부는 족히 150년이 넘었다.

유 a. ripe

metric
[métrik]

a. 미터의, 미터법을 실시하는 **n.** 미터법

The metric unit was introduced in 1887.
미터법은 1887년에 소개되었다.

modest
[mádist]
영 [mɔ́dist]

a. 겸손한, 정숙한, 적당한

We separated the men into three groups: those We who ate the most hamburgers, a modest amount, and the least.
우리는 이들을 햄버거를 가장 많이 섭취하는 그룹, 적당하게 섭취하는 그룹, 가장 적게 섭취하는 그룹의 세 그룹으로 나누었습니다.

유 a. shy, moderate

orientation
[ɔ̀ːriəntéiʃən, -en-]
영 [ɔ̀ːrientéiʃən, -riən-]

n. 오리엔테이션, 적응, 순응

The orientation and Language Seminar will last 5 days.
오리엔테이션과 언어 세미나는 5일간 계속될 것이다.

preliminary
[prilímənèri]

a. 예비적인 **n.** 사전 준비

The preliminary report indicates that profits for the third quarter will be higher than forecast.
예비 보고서는 3/4분기 수익이 예상보다 높을 것이라고 암시하고 있다.

유 a. exploratory

relieve
[rilíːv]

v. 경감하다, 안도하게 하다

Symptoms are worse when standing; sometimes one may relieve symptoms by sitting down.
증상은 서 있을 때 더 악화된다. 때로는 앉아있는 것으로 증상을 완화시킬 수도 있다.

- 반 v. enforce
- 파 a. relieved 안심한

reunion
[rìːjúːnjən]

n. 재결합, 화해, 친목회

I have a big high school reunion that Saturday in California, which is really a must for me.
그 주 토요일에 캘리포니아에서 꼭 참석해야 할 중요한 동창회 모임이 있거든.

sculpture
[skʌ́lptʃər]

n. 조각, 조각물 v. 조각하다

His first notable work was a sculpture titled "Return to home."
그의 첫 주목할 만한 작품은 '귀향' 이라는 제목의 조형물이다.

- 유 v. grave

soften
[sɔ́ːfən, sάː-]
영 [sɔ́ːfən]

v. 부드럽게 하다, 누그러지게 하다

Add onions cover and cook 2 minutes, until softened.
양파를 넣고 부드럽게 될 때까지 뚜껑을 덮고 2분간 익힌다.

- 반 v. sharpen, harden

souvenir
[sùːvəníər]

n. 기념품

The rest of the tourists went shopping for souvenirs.
나머지 관광객들은 기념품을 사러 갔다.

undertake
[ʌ̀ndərtéik]

v. 맡다, 착수하다

Repair and improvement work will be undertaken next week.
보수 및 개선 작업은 다음 주에 착수할 예정입니다.

- 파 n. undertaker 인수인

Day 33

advertisement
[ǽdvərtáizmənt, ədvə́:rtis-]
영 [ədvə́:tismənt]

n. 광고

This advertisement will capture the attention of women everywhere.
이 광고는 각처의 여성들을 사로잡을 것이다.

affordable
[əfɔ́:rdəbl]

a. (가격이) 알맞은 **n.** 감당할 수 있는 물건

This watch is rugged, waterproof, best design, and surprisingly affordable.
이 시계는 견고하고, 방수가 되며, 최고의 디자인이며, 가격도 놀랄 만큼 저렴합니다.

유 a. cheap, inexpensive

consensus
[kənsénsəs]

n. 일치, 합의

It is thus important for us to reach a consensus and unify peacefully.
따라서 합의에 이르고 평화적으로 화합하는 것이 중요하다.

consult
[kənsʌ́lt]

v. 의견을 묻다, 진찰 받다, 참고하다, 상의하다

You should consult a physician because it is difficult to suppress your appetite.
식욕을 억제하기가 어려우므로 의사와 상담을 해야 한다.

파 n. consultant 컨설턴트

costly
[kɔ́:stli]

a. 값비싼, 비용이 많이 드는

It's a costly jacket, made of cowhide.
그것은 소가죽으로 만들어진 값비싼 핸드백이다.

유 a. expensive

duplicate
[djú:plikət]

a. 중복의 **n.** 복제

The manager editor said that he wanted the summary on duplicates.
편집장은 사본에 관한 요약본을 받고 싶다고 말했다.

유 a. matched, same

duration
[djurɛ́iʃən]
영 [djuər-]

n. 지속, 기간

We are waiving the entrance fees for the duration of event.
우리는 행사 기간 중에는 입회비를 받지 않을 것이다.

entertain
[èntərtéin]

v. 즐겁게 하다, 대접하다

We're comedians and we like to entertain people and we like to play live.
우리 같은 코미디언은 사람들을 즐겁게 해주는 걸 좋아하기 때문에 라이브 공연을 선호합니다.

유 v. amuse

foster
[fɔ́:stər, fás-]
[fɔ́stər]

v. 육성하다, 촉진(조성)하다

The club's aim is to foster employee loyalty.
그 클럽의 목적은 애사심을 기르는 데 있다.

유 v. promote

immense
[iméns]

a. 거대한, 막대한

Industry watchers believe the efficiency and potential value of companies to be immense.
업계 관측통은 그 회사들의 효율성과 성장 잠재력이 막대한 것으로 생각하고 있다.

유 a. huge, large, big

imperative
[impérətiv]

a. 피할 수 없는, 긴급한, 명령적인

It is imperative that you build good credit as soon as possible.
가능한 좋은 신용도를 쌓을 수 있어야 합니다.

유 a. desperate, urgent

inclement
[inklémənt]

a. (날씨가) 험한, 거칠고 궂은, 무정한, 냉혹한

Not leave office windows and doors open during inclement weather.
폭풍우가 치는 날씨에는 사무실 창문과 출입문을 열어놓지 않는다.

유 a. unsparing

incorporate
[inkɔ́ːrpərèit]

v. 법인으로 만들다, 통합시키다, 짜 넣다, 가입시키다

Built in 1949, it was one of the few overlooking the beach hotels to incorporate restaurants on the ground floor.
1949년에 건립된 이 호텔은 해변을 내려다보는 몇 안 되는 호텔 중 하나로 1층에는 음식점들이 들어가 있습니다.

inflation
[infléiʃən]

n. 인플레이션, 물가상승, 팽창

Inflation is likely to affect the assets in different ways in October.
인플레이션이 10월에는 여러 가지 방법으로 자산에 영향을 미칠 것 같다.

반 n. deflation

inspire
[inspáiər]

v. 고무하다, 불어넣다, 영감을 주다

The latest consumer reports do not inspire confidence in new products and services.
최근 소비자 보고서 내용은 신제품과 서비스에 신뢰감을 불어넣지 못하고 있다.

유 v. motivate

internal
[intə́ːrnl]

a. 내부의, 내면적인, 국내의

For instance, the committee has failed to conduct an independent internal audit since 2008.
예를 들어, 위원회는 2008년 이후로 독립적인 내부 감사를 실시하는데 실패했다.

반 a. external, foreign

layout
[léiàut]

n. 배치, 설계

The sofa is key to the furniture layout.
그 소파는 가구 배치에 중요하다.

means
[míːnz]

n. 방법, 수단, 재력, 재산

The imaging system is able to detect abnormalities in the body that cannot be detected by other means.
이 화상 시스템은 다른 방법으로는 발견이 안 되는 신체의 이상을 찾아낼 수 있다.

유 n. way

meteorology
[mìːtiərálədʒi]

n. 기상학, 기상

Get a meteorology book, and read it while observing a freak storm.
기상학 책을 한 권 취해서, 엄청난 폭풍우를 관찰하는 동안 읽도록 하십시오.

mining
[máiniŋ]

n. 채광 **a.** 광업의, 광산의

This was the first such deal with an overseas mining company.
이번이 해외 광산업체와의 첫 번째 계약이었다.

motivation
[mòutəvéiʃən]

n. 열의, 자극, 동기 부여

Different incentives kept worker motivation high, such as rewards systems.
다른 인센티브는 보상 시스템과 같이 직원의 동기 유발을 높인다.

obscure
[əbskjúər]

a. 분명치 않은

Some of them are certain, but most of them are too obscure.
부분적으로는 확실하지만, 나머지 대부분은 너무 불명확한 것 같아요.

유 a. vague

oppose
[əpóuz]

v. ~에 반대하다, ~에 대항하다

In an earlier statement, the governor made it clear that he opposes to raise taxes on the American people.
앞서 발표한 성명에서, 주지사는 미국인에 대한 증세를 반대한다는 것을 분명히 밝혔다.

유 a. resist, fight, combat
파 a. opposed 반대된

outdated
[àutdéitid]

a. 구식의, 시대에 뒤진

I recommend you get rid of your slow, outdated computer.
속도가 느린 구식 컴퓨터는 버리세요.

㈜ a. noncurrent

pursue
[pərsúː]

v. 쫓다, 추구하다, 종사하다

We are determined to pursue excellence in customer services.
우리는 최고의 고객 서비스를 추구할 확고한 의지를 갖고 있습니다.

remote
[rimóut]

a. 먼, 먼 옛날의, 원격의

Remote Control agent is able to easily communicate with the remote user's machine.
원격 제어 에이전트가 원격 사용자의 시스템과 쉽게 통신할 수 있습니다.

㈜ a. distant, secluded

restore
[ristɔ́ːr]

v. 복구하다, 회복시키다, 복직시키다, 되돌려 주다

Efforts to restore the castle were actually aiding its destruction.
성을 복원하려는 노력이 오히려 파손을 가중시키고 있었다.

㈜ v. break

signature
[sígnətʃər, -tʃùər]
영 [sígnətʃə]

n. 서명, 사인

Please keep in mind to add your official signature before you put the letter in the envelope.
그 편지를 봉투에 넣기 전에 공식적인 서명을 추가하는 것을 잊지 마십시오.

㈜ n. sign

succession
[səkséʃən]

n. 연속, 계속, 계승(상속)권

A large enterprise often has unique issues when it comes to executive succession.
대기업은 경영 승계 시 특이한 문제들을 접하는 경우가 많습니다.

㈜ a. successional 연속적인

Day 34

administration
[ædmìnəstréiʃən]
영 [ədmìnəstréiʃən]

n. 경영, 관리, 관청, 관리국

Advisers to the Food and Drug Administration recommended that the cartilage remedy glucosamine be approved.
미 식품의약국 고문들은 연골 치료제인 글루코사민을 승인할 것을 권고했다.

㈜ n. management

ascend
[əsénd]

v. 오르다, ~을 오르다

The standard apartment price in New York ascended 13 percent during the same period.
뉴욕 시의 아파트 기준가는 같은 기간 동안에 13퍼센트가 올랐다.

㈜ v. descend

aspect
[æspekt]

n. 양상, 관점, 용모, 면

One of the most difficult aspects of international business is effective promotion.
국제 비즈니스에 있어서 가장 어려운 부분 중 하나는 효과적인 홍보이다.

㈜ n. side, respect, dimension

assign
[əsáin]

v. 할당하다, 임명하다, 지정하다

Every passengers must sit in the seat assigned to him.
모든 승객은 지정 좌석에 앉아야 한다.

assist
[əsíst]

v. 거들다, 원조하다, 돕다

If connection is not clear, please stay on the line and an operator will assist you.
만일 전화가 잘 안 들리면, 전화를 끊지 말고 계십시오. 그러면 교환원이 도와 드릴 것입니다.

㈜ v. promote, help

assure
[əʃúər]

v. 보증하다, 안심시키다, 확인하다

To assure seating for dinner, please make all group reservations before 5 o'clock.
저녁 식사 좌석 확보를 위해, 모든 단체 예약은 5시 전에 완료해 주십시오.

반 v. worry

awkward
[ɔ́:kwərd]

a. 어색한, 서투른, 불편한

Its user passwords are awkward, eight-digit numbers.
사용자 비밀번호가 8자리 숫자로 되어 있어 불편하다.

유 a. difficult, hard

barrier
[bǽriər]

n. 방벽, 장애

A barrier was set up to prevent the passage of horses.
말의 통행을 막기 위해 방벽을 설치했다.

유 n. barricade, obstacle

blast
[blǽst]

n. 센 바람, 돌풍, 폭발 **v.** 망쳐 버리다, 폭파하다

The reporter says several other people were killed and injured in blast.
리포터는 또 이번 폭발로 여러 명의 사상자가 나왔다고 덧붙였습니다.

blaze
[bléiz]

n. 불꽃, 화재, 섬광 **v.** 타오르다

The blaze erupted at about 11:50 p.m. and debris was still smoldering this morning.
화재는 밤 11시 50분경에 발생했는데, 오늘 아침까지도 타다 남은 잔해에서 연기가 나고 있었습니다.

유 v. flicker

boom
[bú:m]

n. 인기, 붐 **v.** 갑자기 경기가 좋아지다

The city's commercial life has been sustained by a steady economic boom.
그 도시의 상업 생명은 꾸준한 경제 붐 덕분에 유지되어 왔다.

capability
[kèipəbíləti]

n. 능력, 역량

The plant moving will allow for a significant increase in production capability.
생산 능력의 상당한 증가를 감안해 공장을 이전할 것이다.

반 n. incapability

curious
[kjúəriəs]

a. 호기심이 강한, 이상한

Scientists curious about sneezing have conducted sneezing experiments.
재채기에 호기심을 가지고 있는 과학자들은 여러 가지 재채기 실험을 했습니다.

유 a. intrigued, inquisitive

demonstrate
[démənstrèit]

v. 논증하다, 설명하다, 입증하다

Our tests demonstrate this car is very safe.
수 차례의 테스트 결과 이 차가 아주 안전하다는 사실이 입증되었습니다.

유 v. prove

drape
[dréip]

n. 덮는 천, 커튼 **v.** 낙낙하게 덮다, 주름잡아 낙낙하게 하다

This detergent works wonders on carpets, sofas, drapes, and car mats.
이 세정제는 카펫, 소파, 커튼, 및 자동차 매트에 효과적입니다.

유 v. fold   phr. fold up

enforce
[infɔ́:rs]

v. 시행하다, 실시하다, 강요하다

The city has begun to aggressively enforce a ban on the use of plastic bags, in an effort to maintain its harmony with nature.
시 당국은 자연과의 조화를 유지하려는 노력의 일환으로 비닐봉지의 사용을 규제하기 시작했다.

유 v. compel

extensive
[iksténsiv]

a. 넓은, 광대한, 넓은 범위에 걸친

Extensive flooding downtown caused at least one landslide, and damaged several roads.
시내 전역에 홍수가 나서 최소 한 차례의 산사태와 여러 도로들이 피해를 입었다.

유 a. large, big, comprehensive

modify
[mádəfài]
[módəfài]

v. 변경하다, 수정하다

We will need to modify our marketing plan to compete with other newspapers.
우리는 다른 신문사와 경쟁하기 위해 마케팅 계획을 수정해야 할 것이다.

유 v. change

vacate
[véikeit]
[vəkéit, vei-]

v. 그만두고 물러나다, 집을 비우다, 사직하다

Tenants who plan to vacate the house before the lease expires must provide written notification of their moving plans.
계약 기한이 만료되기 전에 집을 비우고자 하는 세입자는 자신의 이사 계획을 서면으로 통지하여야 한다.

유 v. change

negotiation
[nigòuʃiéiʃən]

n. 교섭, 협상

A spokesman for the group confirmed that negotiations were progressing with difficulty.
그 단체의 대변인은 협상이 난항을 겪는 중이라고 밝혔다.

numerous
[njú:mərəs]

a. 다수의, 수많은

He has had about two thousand fashion shows and numerous charity performances.
그는 약 2천 여회의 콘서트에서 연주를 했으며, 수 많은 자선 공연을 가진 바 있습니다.

유 a. many

partial
[pá:rʃəl]

a. 일부분의, 불공평한

Partial cloud is expected tomorrow as the yellow dust arrives.
내일은 황사가 나타남에 따라, 부분적으로 흐리겠습니다.

유 a. limited, incomplete

precipitation
[prisìpətéiʃən]

n. 투하, 촉진, 강설, 강우

Deicing chemicals lower the freezing temperature of precipitation and prevent it from freezing to pavement.
제설제는 강수의 빙점을 낮추어 그것이 도로에 얼어붙는 것을 막아 준다.

prevalent
[prévələnt]

a. 일반적으로 행하여지는, 효과 있는, 유력한

Plague was quite prevalent in London during the sixteenth century.
흑사병은 16세기 런던에서는 아주 만연하였다.

🔈 a. frequent

reflective
[rifléktiv]

a. 반사하는, 상호 연관적인

The disk changes colours due to its reflective properties.
그 디스크는 그것의 반사하는 특성 때문에 색이 변한다.

🔈 a. nonreflective

shareholder
[ʃɛ́ərhòuldər]

n. 주주(株主)

Quarterly earnings are always reported to the major shareholders.
각 분기별 수익은 대주주들에게 항상 보고된다.

🔈 stockholder(美)

transmit
[trænsmít, trænz-]
영 [trænzmít]

v. 부치다, 전하다, 전송하다

The machine transmits images to a receiver worn around the patient's wrist.
그 기기는 환자의 손목에 부착된 수신 장치로 이미지를 전송합니다.

undermine
[ʌ̀ndərmáin]

v. ~의 밑을 파다, 해치다, 손상시키다

Labor unions say the agreement could undermine workers' rights.
노동조합원들은 협상안이 근로자들의 권리를 침해할 수도 있다고 지적하고 있습니다.

🔈 v. erode, weaken

upcoming
[ʌ́pkʌ̀miŋ]

a. 다가오는, 곧 나올, 이번의

Please notify all retailers of the upcoming price changes.
앞으로 있을 가격 변동에 대해 모든 소매업자들에게 통보하여 주십시오.

🔈 a. forthcoming, future

Day 35

concept
[kánsept]
영 [kɔ́nsept]

n. 개념, 구상 **v.** 생각해 내다

Our boss said that he would change the concept of renovation.
우리 사장님이 혁신의 개념을 바꾸겠다고 말했습니다.

반 n. misconception

conquer
[káŋkər]

v. 정복하다, 극복하다

Many future entrepreneurs and self-starters will learn how to conquer the fear of being self-employed.
많은 미래의 기업가와 자기 사업을 시작하는 사람들은 자영업자가 되기 위해 겪어야 하는 두려움을 넘어서는 법을 배우게 될 것입니다.

유 v. defeat

consequence
[kánsəkwèns, -kwəns]
영 [kɔ́nsikwəns]

n. 결과, 중요성

Mindful of the possible consequences, he already offered shares.
앞으로 있을지도 모를 결과를 염두에 두고, 그는 이미 주식을 팔려고 내 놓았다.

유 n. outcome, result, importance

defeat
[difí:t]

v. 쳐부수다, 패배시키다 **n.** 패배, 짐

It took the computer less than 10 minutes to defeat the world boxing champion.
컴퓨터가 세계 복싱 챔피언을 물리치는 데는 10분도 안 걸렸다.

유 v. beat

define
[difáin]

v. 정의를 내리다, 한정하다

For example, he defined a poet as a person who has written 1,500 or more lines of verse.
예를 들어, 그는 시인을 1,500편 혹은 그 이상의 구절을 쓴 사람으로 정의했다.

enormous
[inɔ́ːrməs]

a. 거대한, 엄청난

The fund raising events were an enormous success.
기금 마련 행사는 대성공이었다.
㊀ a. huge

estimate
n. [éstəmət]
v. [éstəmeit]

n. 견적, 평가 **v.** 평가하다

Free estimates are given on your house repairs.
집수리에 드는 비용을 무료로 견적해 드립니다.
㊀ n. count, calculation   v. guess, judge

identity
[aidéntəti, id-]

n. 동일함, 본인임, 신분증명서

That kind of identity political measures have proven a near-disaster.
그러한 정체성 정책들은 거의 재난에 가깝다는 것이 증명되었다.
㊀ n. self, individuality, uniqueness

impulse
[ímpʌls]

n. 추진, 충격, 충동

Do not buy things on impulse; buy them on purpose.
물건을 충동적으로 구매하지 말고 계획적으로 사라.

inconvenient
[ìnkənvíːnjənt]

a. 불편한, 형편이 마땅치 않은

I am going to try to finish this session by 6.30, I hope that is not too inconvenient for you.
저는 이 회기를 6월 30일에 끝내려고 하는데, 그것이 당신에게 너무 큰 불편이 되지 않기를 바랍니다.
㊀ a. awkward, inopportune

indicator
[índikèitər]

n. 지시하는 사람, 지표, 표시기

Saving rate is a good indicator of an economy's health.
저축률은 경제 안정을 가늠하는 유익한 지표이다.

infection
[infékʃən]

n. 공기 전염, 감염, 오염

Children, seniors, and people with lung conditions such as asthma are more liable to infection.
어린이, 노약자, 그리고 천식과 같은 폐 질환을 앓고 있는 사람은 한층 더 감염되기 쉽다.

inferior
[infíəriər]

a. 하위의, 열등한

The door to foreign companies is opened whenever a domestic car is inferior.
국내 차의 질이 떨어질 경우에는 언제든 문호가 개방되어 외국과 경쟁을 해야 합니다.

informative
[infɔ́:rmətiv]

a. 유익한, 정보를 제공하는

The presentation was a very informative and professional.
발표는 아주 유익하고 전문적이었다.

㊞ a. instructive ㊞ n. information 정보

infusion
[infjú:ʒən]

n. 주입, 불어넣음, 주입물, 우러낸 물

In spite of a massive infusion of research capital, the results were very disappointing.
막대한 연구비를 투입했지만, 결과는 매우 실망스러웠다.

insert
[insə́:rt]

v. 끼워 넣다, 삽입하다 **n.** 삽입 광고, 삽입 자막

All you have to do is to insert the CD into your computer.
당신 컴퓨터에 CD만 넣으면 돼요.

㊞ v. slip, slide

overall
[óuvərɔ̀:l]

a. 전부의 **adv.** 전체로

Although he is a manager, he does not really understand the overall operation.
그는 관리자이면서도 전반적인 운영 상태를 제대로 파악하지 못하고 있다.

㊞ a. gross, global

protective
[prətéktiv]

a. 보호하는, 방어하는

Those employees handling these chemicals must wear protective gear at all times.
화학 물질을 다루는 사원들은 항상 보호 장비를 착용해야 한다.

- a. defensive, preventive, precautionary
- a. unprotective

recession
[riséʃən]

n. 경기 후퇴, 불경기

Both economists and economic policy-makers agree that we are now technically in a recession.
경제 정책 입안자와 경제 전문가 모두는 우리 경제가 엄밀히 말해서 침체 국면에 접어들었다는 점에 동의한다.

- n. depression

roast
[róust]

v. 굽다, 볶다

Roast broccoli until tender and lightly golden.
브로콜리가 연하면서도 노릇해질 때까지 오븐에서 굽는다.

- v. cook

routine
[ru:tí:n]

n. 판에 박힌 일, 일상 **a.** 정기적인, 일상의

The network will be down on Saturday between 5:00 and 6:00 p.m. for routine maintenance.
네트워크는 정기 점검을 위해 토요일 오후 5시에서 6시 사이에 작동되지 않을 것이다.

respondent
[rispándənt]
[rispɔ́ndənt]

a. 응하는, 감응하는, 피고의 입장에 있는 **n.** 응답자, 피고

Two third of the respondents were more likely to use text message than to place a local phone call, the survey found.
응답자 가운데 2/3은 시내 전화 대신 문자를 사용한다고 대답했다.

rural
[rúərəl]

a. 시골의, 전원의

A research has found that inner city youths' absenteeism rate is far higher than their rural peers.
한 조사에서 도시 빈민 학생들은 시골 학생들보다 장기 결석률이 훨씬 높은 것으로 나타났다.

- a. urban

savage
[sǽvidʒ]

a. 야만적인, 잔인한, 맹렬한 **n.** 야만인

The company is in savage cost-cutting to maintain its efficiency.

그 회사는 효율성 유지를 위해 과감한 비용 절감을 실시하고 있습니다.

㈜ a. wild, violent
㈜ n. savagery 야만

scenery
[síːnəri]

n. 풍경, 무대면, 배경

The college campus is picturesque with beautiful scenery and parks.

대학 캠퍼스는 아름다운 풍경과 공원으로 그림 같다.

㈜ n. view

scheme
[skíːm]

n. 계획, 음모 **v.** 계획하다, 음모를 꾸미다

The foreign company was knowingly involved in the money laundering scheme.

외국 기업은 돈세탁 음모에 의도적으로 가담했다.

screw
[skrúː]

n. 나사 **v.** 나사로 죄다, 틀다

To remove the lid, turn the holding screw one full turn to the left.

뚜껑을 제거하려면, 지지 나사를 왼쪽으로 완전히 한 바퀴 돌리세요.

㈜ v. unscrew

sensible
[sénsəbl]

a. 분별 있는, 느낄 수 있는

The patient was immobile but still sensible.

환자는 움직일 수 없었지만 의식은 있었다.

㈜ a. unreasonable, unsensible

thoughtful
[θɔ́ːtfəl]

a. 생각이 깊은, 생각에 잠긴, 친절한

It is a thoughtful gift for the busy person like you.

그건 당신과 같은 바쁜 사람을 위한 사려 깊은 선물입니다.

Day 36

accrue
[əkrúː]

v. 생기다, (이자가) 붙다, 축적하다

The more money you put in, the more interest you will accrue.
돈을 더 많이 넣으면, 관심이 더 늘어날 것입니다.

유 v. accumulate

advisable
[ædváizəbl, əd-]

a. 권할만한, 타당한, 현명한

It's therefore, advisable to carry several dresses.
따라서, 여러 벌의 옷을 가져갈 것을 권합니다.

반 inadvisable

awareness
[əwέərnis]

n. 알아채고 있음, 자각, 인식

Everyone who so much as set foot on road building was trained in environmental awareness.
다리 건설에 조금이라도 참여했던 모든 인력은 환경 인식에 관해 교육을 받았습니다.

유 n. knowledge, consciousness

censorship
[sénsərʃìp]

n. 검열

The album is mostly unavailable due to government censorship of his music.
이 앨범은 정부의 검열 때문에 대부분 이용이 불가능하다.

coarse
[kɔ́ːrs]

a. 조잡한, 결이 거친

You should use these same methods to perm either thick or coarse hair.
당신은 이 동일한 방법들을 두껍거나 거친 머리카락을 파마하는 데 이용해야 합니다.

유 a. rough, spiky

collection
[kəlékʃən]

n. 수집, 수집물

The third floor permanent collection galleries are named for him and his wife, Evelyn.
3층 영구 소장품 갤러리는 그와 그의 부인의 이름을 따서 에블린이라고 불린다.

commerce
[kámərs]

n. 무역, 상업, 통상

Today's seminar will be presented by the author of the book entitled 21st Century Commerce.
오늘 세미나에서는 '21세기 무역'이라는 책의 저자가 내용을 발표할 예정이다.

유 n. trade, communication

component
[kəmpóunənt]

n. 구성 요소, 부품 **a.** 구성하는

The company manufactures components for electric clocks.
그 회사는 전자 시계에 사용되는 부품을 생산한다.

consultant
[kənsʌ́ltənt]

n. 고문, 상담원, 컨설턴트

The consultant was of immeasurable help in purchasing mutual fund shares.
그 상담원은 금융 뮤추얼 주식을 사는 데 큰 도움이 되었다.

conventional
[kənvénʃənl]

a. 전통적인, 틀에 박힌

The doctor usually prescribes conventional medicines.
그 의사는 보통 전통 의약품을 처방합니다.

유 a. traditional, formal
반 a. unconventional

delay
[diléi]

v. 늦추다, 미루다, 우물쭈물하다 **n.** 지연

After several delays, construction was fully completed in 1900.
그 사업은 수차례 연기된 끝에, 1900년에 완전히 완공되었다.

유 v. postpone, adjourn, wait
반 v. rush

explosion
[iksplóuʒən]

n. 폭발, 파열

With the spread of the Internet has come an explosion of e-commerce, content development.
인터넷의 보급으로 전자 상거래, 콘텐츠 개발이 폭발적으로 증가해 왔다.

유 n. blast, eruption

fine
[fáin]

n. 벌금 **v.** 벌금을 과하다

Without the sticker you can't enter the zone without paying a fine of $25.
스티커가 없이는 25달러의 벌금을 내지 않고, 그 지역에 들어갈 수 없다.

lease
[líːs]

n. 임대차, 임차권 **v.** 임대하다

In addition to signing a lease for the land, we also require a deposit.
토지에 대한 임대차 계약시에 서명하고 나서, 보증금을 또한 내야 합니다.

legal
[líːgəl]

a. 합법적인, 법률의, 법률에 관한

The contributions are awarded to universities and community programs that enhance legal education.
그 기부금은 법률 교육의 질을 높이는 대학 및 지역 사회 프로그램에 지급된다.

유 a. lawful

petroleum
[pətróuliəm]

n. 석유

But the increasing dependence on imported petroleum products is a matter of choice.
하지만 수입된 석유 제품에 대한 의존도는 선택의 문제이다.

plot
[plát]

n. 음모, 줄거리, 계획 **v.** 몰래 꾸미다

Critics complained that the plot of the film was too loose and would make the most movie goers feel languid.
평론가들은 그 영화의 줄거리가 너무 느슨해서 대부분의 영화 관람객들을 따분하게 느끼도록 만들었다고 혹평했다.

potential
[pəténʃəl]

a. 가능한, 잠재하는

The magazine can be an invaluable tool for gaining access to new potential customers.
잡지는 새로운 잠재 고객들에게 접근할 수 있는 소중한 도구가 될 수 있습니다.

유 a. possible

precisely
[prisáisli]

adv. 정밀하게, 정확히

The workday will continue to end precisely 8 hours after 9 a.m.
근무 시간은 전과 같이 오전 9시 이후 정확히 8시간입니다.

반 adv. imprecisely, inexactly

protest
[prətést]

v. 항의하다, 주장하다 **n.** 항의

Committee members protested government plan to build a nuclear waste dump in the region.
위원들은 정부가 이 지역에 방폐장을 건립하려는 계획에 항의했다.

파 a. protesting 항의하는

punctuality
[pʌ̀ŋktʃuǽləti]

n. 시간 엄수, 정확함, 꼼꼼함

The survey suggested that Japanese women put a high premium on punctuality more than men.
이번 조사에서는 일본 여성들이 남성보다 시간 엄수에 대해 훨씬 더 큰 비중을 두고 있는 것으로 드러났다.

반 n. tardiness

quarterly
[kwɔ́ːrtərli]

a. 연 4회 발행의, 한 해 네 번의, 사계의

Our quarterly Publications Meeting will be held on December 4, at the boutique hotel.
연 4회 열리는 출판 회의가 12월 4일 부띠끄 호텔에서 있을 예정입니다.

real estate
[ríːəl estéit]

n. 부동산

The real estate industry is strongest ever before.
부동산업계는 그 어느 때보다 호황이다.

scenic
[sí:nik]

a. 경치의, 경치가 아름다운

This is truly one of the most scenic places in this town.
이곳이야말로 이 마을에서 경관이 가장 빼어난 곳들 중의 하나입니다.

유 a. beautiful

seating
[sí:tiŋ]

n. 착석, 좌석, 수용, 좌석 배열

Passengers arrange for seating by calling.
승객들이 전화로 좌석을 예약하고 있다.

skip
[skíp]

v. 뛰어다니다, 뛰어넘다, 건너뛰다

Research shows that people who skip breakfast are usually fatter than those who eat a well balanced breakfast.
아침을 거르는 사람들은 균형잡힌 아침을 먹는 사람보다 보통 더 뚱뚱하다는 연구 결과가 있다.

subordinate
a.[səbɔ́:rdənət]
v.[səbɔ́:rdəneit]

a. 하급의 **n.** 하급자, 부하 **v.** ~보다 아래에 두다

Bosses who act sincerely in front of their subordinates will achieve the best results.
부하직원들 앞에서 진실하게 대하는 사장들이 최고의 성과를 얻게 될 것이다.

유 a. secondary, subject, dependent

supervision
[sù:pərvíʒən]
영 [sjù:-]

n. 감독, 관리, 통제

The drugs should only be taken by patients under the advice and supervision of a doctor.
그 약은 의사의 조언이나 지시 하에서만 부모에 의해 복용되어야만 합니다.

translation
[trænsléiʃən]

n. 번역, 해석

The correct English translation of its Chinese name is "small house".
그것의 중국 이름에 대한 정확한 영어 번역은 "조그만 집"이다.

abolish
[əbáliʃ]

v. 폐지하다

He planned to have it abolished when a country was at war or when children were on the run.
그는 한 나라에 전쟁이 일어나거나 어린이들이 피난을 다니게 되는 경우에는 이 상을 폐지할 계획이었습니다.

- v. cancel, scrap, dismiss
- v. establish

accident
[ǽksədənt]

n. 사고, 우연, 우연한 일

A truck was slightly damaged but a motorcycle was completely destroyed in the traffic accident.
교통사고가 나자 트럭은 약간만 손상을 입었지만 오토바이는 완전히 망가졌다.

casual
[kǽʒuəl]

a. 우연의, 되는 대로의, 평상복의

Mr. Simson was angry at the casual explanation Mike offered for the disastrous mistakes.
심슨 씨는 마이크가 심하게 한 실수에 대해 되는 대로 해명한 데 대해 화가 났다.

classified
[klǽsəfàid]

a. 분류된, (광고가) 항목별의

Living costs are based on a box of 135 items classified as daily necessities.
생활비는 생활 필수품으로 분류된 135개 품목의 상자 기준으로 한다.

compartment
[kəmpáːrtmənt]

n. 구획, 칸

All this food is stored in food storage compartments in the basement or kitchen.
이 음식들은 지하실이나 부엌에 있는 음식 보관함에 보관되어 있습니다.

□ contend
[kənténd]

v. 싸우다, 논쟁하다, 주장하다

The manufacturer contends the compatibility of this software has no conflict.

생산업체는 이들 소프트웨어의 호환성에 있어서 전혀 충돌이 없다고 주장하고 있습니다.

㊒ v. maintain

□ contestant
[kəntéstənt]

n. 경기자, 논쟁자, 경쟁자, 이의 신청자

Contestants compete against one another to complete three quizzes.

대회 참가자들은 3개의 퀴즈를 푸는 시합을 놓고 서로 경쟁을 벌인다.

□ discard
[diskɑ́:rd]

v. 버리다, 처분하다 **n.** 폐기

Clothes that are unclaimed after three months will be discarded.

맡긴 지 석 달이 경과한 옷들은 폐기 처분됩니다.

□ distress
[distrés]

n. 고민, 곤란 **v.** 괴롭히다

The very things that were causing you distress will help you handle many unpleasant situations in the future.

당신을 힘들게 했던 것들이 당신이 미래에 유쾌하지 않은 상황을 대할 때 도움이 될 것입니다.

㊒ n. pain, suffering, anguish

□ enroll
[inróul]

v. 명부에 올리다, 등록하다

Outstanding employees will enroll in this program in mid-November.

뛰어난 사원들은 11월 중순에 있을 이 프로그램에 등록할 수 있습니다.

㊒ v. register

□ exhausted
[igzɔ́:stid]

a. 다 써버린, 지칠대로 지친

Office workers are exhausted at the heavy workload.

사무직 직원들은 과중한 업무로 지친다.

㊎ a. unexhausted

expenditure
[ikspénditʃər]

n. 지출, 지불

Expenditures for office supplies had been a steady decrease in the last quarter.
사무실 비품에 대한 지출이 지난 분기에 꾸준히 줄었다.

반 n. income

extent
[ikstént]

n. 넓이, 범위, 규모

Poor record keeping makes it difficult to determine the full extent of the damage.
기록 관리가 제대로 되고 있지 않아 피해의 전체 규모를 파악하기가 어렵다.

유 n. size, scope, degree

grove
[gróuv]

n. 작은 숲, (귤 등의) 과수원

Calcium doesn't grow in lemon groves, but it abounds in lemon juice these days.
칼슘은 레몬 밭에서는 발생하지 않지만, 요즘 레몬주스에는 풍부하다.

hail
[héil]

n. 싸락눈, 우박 **v.** 환호하며 맞이하다

A storm is expected at 60 mph from the east with heavy rain and the possibility of hail.
동쪽으로부터 폭우와 우박의 가능성을 지닌 시속 60마일의 폭풍이 예상되고 있습니다.

hardware
[háːrdwèər]

n. 철물, 금속 기구류, 하드웨어

Thank you for considering Ace Hardware for your needs of kitchen appliances.
주방용품 구입에 지희 에이스 하드웨어 사를 선택해 주셔서 감사합니다.

반 n. software

inevitable
[inévətəbl]

a. 필연적인, 피할 수 없는 **n.** 피할 길 없는 일

As passenger numbers decreased, either going by car or other lines, closure seemed inevitable.
승객 수가 줄어듦에 따라, 차로 가던지, 다른 방법으로 가야하며, 폐쇄는 불가피해 보였습니다.

유 a. necessary, unavoidable

inherit
[inhérit]

v. 상속하다, 물려받다

Only if a child inherits black from either will he or she has black eyes.
양부모 한 쪽으로부터 검은 유전자를 받은 아이는 검은 눈을 갖게 됩니다.

유 v. succeed phr. come into

insight
[ínsàit]

n. 통찰, 통찰력

The working conditions don't change, but your insights into them change.
그 업무 조건은 변하지 않지만, 그것들을 보는 여러분의 통찰력이 변하게 되는 경우도 있습니다.

파 a. insightful 통찰력이 있는

landlord
[lǽndlɔ̀:rd]

n. 주인, 집주인, 지주

Responsibility for hiring contractors to fix the leaking tank lies with the landlord, and not the tenant.
누수하는 탱크를 고치기 위해 수리업자를 고용할 책임은 세입자가 아니라 집주인에게 있다.

유 n. landowner

neglect
[niglékt]

v. 무시하다, 게을리하다 **n.** 태만

It is a problem which is very crucial, but neglected.
이것은 아주 중대한 문제인 반면, 외면되고 있는 문제이기도 합니다.

유 n. disrepair, disuse

participate
[pa:rtísəpèit]

v. 참여하다, 관여하다

All parents are expected to participate in the school play this year.
올해 학예회에는 모든 학부모가 참석할 예정이다.

반 phr. drop out

revolt
[rivóult]

n. 반란 **v.** 반란을 일으키다

His decision was so radical that the people rose in revolt.
그의 결정은 너무나도 급진적이어서 사람들이 반란을 일으켰다.

scope
[skóup]

n. 범위, 여지

Such contents are not within the scope of this book.
그러한 내용들은 이 책의 범위 밖에 있다.

윤 n. room, margin

subsidiary
[səbsídièri]
영 [səbsídiəri]

a. 보조의, 종속적인 **n.** 부속물, 제 2주체

Sources hinted that the company would soon close its subsidiary companies in Asia.
소식통들은 그 회사가 아시아에 있는 계열사들을 폐점시킬 것임을 넌지시 비추었다.

윤 a. secondary

sustain
[səstéin]

v. 떠받치다, 받다, 유지하다

They are created and sustained by magic, but the gases themselves aren't magic.
그것들은 마술에 의해 창조되고 유지되어 왔지만, 가스 그 자체는 마술이 아니다.

반 v. negate

tow
[tóu]

v. 잡아당기다, 끌다 **n.** 끌려감, 견인차

After the race, the car broke down, so it had to be towed to the garage.
경주가 끝난 후 차가 고장이 나서, 정비소로 견인해 가야 했다.

vendor
[véndər]

n. 행상인

A vendor is open his umbrella.
한 노점상이 그의 우산을 펴고 있다.

vicinity
[visínəti]

n. 근처, 부근, 근접

There isn't a big market in this vicinity.
이 근처에는 큰 시장이 없다.

Day 38

altitude
[ǽltətjùːd]

n. 높이, 고도

Once we've reached our cruising altitude, our flight attendants will begin our beverage service.
운항 고도에 진입하면, 승무원들이 음료 서비스를 제공할 것입니다.

beneficiary
[bènəfíʃièri]

n. 수익자, 신탁 수익자, 수혜인

Korea will be the major beneficiary of being close to the world's economic powers.
한국이 세계 경제 대국과 근접해 있는 혜택을 크게 볼 것이다.

biography
[baiágrəfi]
영 [baiɔ́grəfi]

n. 전기, 일대기, 전기 문학

Archeology, cultural anthropology, biography, and politics --- we carry books on hundreds of subjects.
고고학, 문화 인류학, 자서전, 정치학 — 우리는 수 백 가지 주제의 서적들을 취급합니다.

bookkeeper
[búkìːpər]

n. 부기계원, 경리사원

The bookkeeper thought that you and he would get the same salary.
그 장부계원은 당신과 그가 같은 봉급을 받게 될 것이라고 생각하였다.

chronicle
[kránikl]
영 [krɔ́nnikl]

n. 연대기, 기록 **v.** 연대순으로 기록하다

"Likeminded Individuals" reviews chronicles the story of a golf prodigy.
'같은 부류의 사람들'은 골프 신동의 이야기를 연대순으로 기술하고 있다.

constitute
[kánstətjùːt]
영 [kɔ́nstitjùːt]

v. 구성하다, 설립하다, 임명하다

Personal expenses constitute two-third of the human resources department's budget.
인건비가 인사과 예산의 절반을 차지한다.

contamination
[kəntæmənéiʃən]

n. 오염, 오탁, 타락, 독가스에 의한 오염

There are many ways that soil or groundwater contamination can occur.
토양이나 지하수의 오염이 발생하는 여러 가지 경로가 있습니다.

반 n. decontamination

conviction
[kənvíkʃən]

n. 유죄의 판결, 확신

One lawyer said in a telephone interview that the convictions were expected.
한 변호사는 전화 인터뷰에서 그 사건의 유죄 판결을 예상했었다고 말했다.

corridor
[kɔ́ːridər, -dɔ̀ːr, kάr-]
영 [kɔ́ridɔːr, -də]

n. 복도, 회랑

Down this corridor the toilet is right ahead, so you can't miss it.
이 복도를 곧장 따라가다 보면 화장실이 바로 앞에 있으므로, 찾으실 수 있습니다.

유 n. hall, hallway

deadlock
[dédlàk]
영 [dédlɔ̀k]

n. 막다른 골목, 교착상태

By the beginning of the 1970s, the situation had come to a deadlock.
1970년대의 초반에, 그 사태는 교착상태에 이르렀었다.

disguise
[disgáiz]

v. 변장시키다 **n.** 변장

It is not for nothing he came in such a disguise.
그가 변장을 한 데는 이유가 있었다.

파 a. disguised 변장한

· Part3 - Day 38 · 215

disposal
[dispóuzəl]

n. 처분, 처분의 자유

I'll leave my house at your disposal.
내 집을 당신 처분에 맡깁니다.

element
[éləmənt]

n. 요소, 원소

The boss has told his employees, they have to dissolve themselves back to their basic elements.
사장은 그들 직원들에게 스스로를 근원적인 요소까지 분해해 봐야 한다고 말합니다.

유 n. component, module

evaluate
[ivæljuèit]

v. 평가하다, 어림하다

Additional studies are underway to evaluate the project's profitability.
그 프로젝트의 수익률을 평가하기 위해 추가 조사가 진행 중이다.

유 v. estimate

flu
[flú:]

n. 인플루엔자, 유행성 감기, 독감

The swine flu is caused by a virus that infects the respiratory tract.
돼지 인플루엔자는 호흡 기관을 감염시키는 바이러스에 의해 발생된다.

gem
[dʒém]

n. 보석, 귀중품

If there is a hidden gem a dangerous location around Deltora, this is it.
델토라 주변의 위험한 지역에 감춰진 보석이 있다면, 바로 이것입니다.

유 jewel, treasure

immigration
[ìməgréiʃən]

n. 이주, 이민수, 이민자

The discourse of the minister is very hostile to immigration.
장관의 발언은 이민에 매우 적대적입니다.

induce
[indjúːs]

v. 권유하다, 야기하다, 유도하다

Rising demand has already induced extra drilling for oil and natural gas.

증가하는 수요는 벌써 별도 오일과 천연 가스 개발을 권유하였습니다.

파 n. inducement 권유, 유인

inhalation
[ìnhəléiʃən]

n. 흡입, 흡입제(약)

One woman was treated at a hospital for smoke inhalation.

한 여자가 병원에서 연기 흡입에 대한 치료를 받았다.

반 n. exhalation

malfunction
[mælfʌ́ŋkʃən]

n. 기능 부전 **v.** 제대로 작동하지 않다

She made a pretext of the equipment's malfunction.

그녀는 기기 고장을 구실로 삼았다.

반 v. function

mutual
[mjúːtʃuəl]

a. 서로의, 공통의

It would be in our mutual interest for you to become the designated driver.

지정된 운전사가 되시면 서로에게 이익이 될 것입니다.

유 a. shared, interactive, common

ongoing
[ángòuiŋ, ɔ́(ː)n-]

n. 전진, 진행, 행동, 소행 **a.** 전진하는, 진행 중의

Disappointment and concerns could resurface about the ongoing fear of foreign takeover.

계속 진행 중인 외국인의 국내 기업 인수에 관한 실망감과 우려감도 재부상할 수 있다.

유 a. current

perishable
[périʃəbl]

a. 썩기 쉬운, 깨지기 쉬운, 죽기 쉬운 **n.** (pl.) 썩기 쉬운 물건

Allow 2 days delivery time for mineral water, juice, and non-perishables.

생수, 주스, 그리고 잘 부패하지 않는 식품은 2일 간의 배달 시간을 허가하시오.

반 a. imperishable

· Part 3 · Day 38 · 217

quote
[kwóut]

v. 인용하다, 예로 들다

Do your own source checking; see if your remarks were quoted out of context.
당신의 말이 문맥에 맞지 않게 인용되었다고 본다면, 원천을 확인하도록 하십시오.

유 v. cite, repeat, say

reminder
[rimáindər]

n. 독촉장, 상기시키는 것, 조언, 주의

They were dreadful reminders that safety can never be taken for granted.
안전이 결코 당연하게 생각되어지지 않는 무시무시한 수칙입니다.

renew
[rinjú:]

v. 새롭게 하다, 다시 시작하다, 새것과 바꾸다

The tenant renewed his contract for another two years.
세입자는 2년 더 계약을 갱신했습니다.

simplify
[símpləfài]

v. 간단하게 하다, 단순화하다

We devoted greater efforts to work on simplifying the menus.
메뉴를 단순화하는 데 많은 노력을 했습니다.

반 v. complicate

skyscraper
[skáiskrèipər]

n. 마천루, 초고층 빌딩

Apartment buildings and skyscrapers are rising all over the capital.
아파트 건물들과 고층 건물들은 수도 전역에서 올라가고 있다.

superb
[su:pə́:rb, sə-]
영 [sju:-]

a. 최고의, 훌륭한, 멋진

Club Marietta, the fitness center, features superb exercise equipments.
피트니스 센터인 클럽 마리에타에서는 훌륭한 운동 기구들을 갖추고 있다.

유 a. good, superior

Day 39

collapse
[kəlǽps]

v. 무너지다, 좌절되다, 폭락하다

These events led to collapse of the construction, machinery and distribution sectors.
이 사건들은 건설, 기계, 유통업종의 붕괴를 초래했다.

- v. crumble   phr. give way

competent
[kάmpətənt]

a. 유능한

We hired a man of competent and reliable.
우리는 능력이 있고 믿을 수 있는 사람을 고용했습니다.

- a. able, effective
- a. incompetent

compliment
n.[kάmpləmənt]
v.[kάmpləmènt]

n. 찬사, 칭찬의 말   v. 칭찬하다, 승낙시키다

It looks like the weather then will not compliment outdoor activities.
그 날 날씨가 야외활동에 적합하지 않을 것 같아 보입니다.

compromise
[kάmprəmàiz]

n. 타협, 절충안   v. 타협으로 해결짓다, 타협하다

The firms have come under international pressure to compromise.
그 기업들은 절충하라는 국제적인 압력을 받게 되었다.

contempt
[kəntémpt]

n. 경멸, 멸시, 수치

Familiarity breeds contempt, they say.
지나치게 허물없이 굴면 멸시받게 된다고 그들은 말한다.

- n. disdain, scorn

courteous
[kə́ːrtiəs]

a. 예의 바른, 정중한

The guests received courteous, prompt, and well-informed service.
손님들은 극진하고 신속하며 알찬 서비스를 제공받았습니다.

㈜ a. polite

cuisine
[kwizíːn]

n. 요리, 요리법, 주방, 요리장

This special package included five-star restaurants specializing in Italian cuisine.
이 특별 패키지 상품에는 이탈리아 요리를 전문으로 하는 최고급 식당이 포함되어 있었습니다.

cultivate
[kʌ́ltəvèit]

v. 경작하다, 재배하다, 양성하다

Vast hectares of the Amazon are being cultivated for the plant's seeds.
아마존 강의 광대한 지역이 그 식물의 종자 재배를 위해 개간되고 있습니다.

㈜ a. cultivated 경작된, 교양 있는

digest
[didʒést]

v. 소화하다, 잘 이해하다, 간추리다 **n.** 요약

Certain people find that they cannot digest instant food products easily.
어떤 사람들은 자신들이 인스턴트 식품을 쉽게 소화시키지 못한다는 것을 안다.

㈜ n. digestion 소화

dimension
[diménʃən]

n. 치수, 넓이, 차원

Spirit has been referred to as the fourth dimension.
정신은 4차원적인 것이라고 일컬어져 왔다.

discretion
[diskréʃən]

n. 재량, 행동의 자유, 분별

Meetings are held regularly at the discretion of the Committee to discuss matters generally relating to funding.
회의는 일반적으로 위원회의 재량에 따라 자금과 관련된 문제들을 의논하기 위해 열렸다.

㈜ a. discretionary 자유재량의

driveway
[dráivwèi]

n. 사유 차도, 진입로, 차도

There was a car parked on the driveway.
도로에 차가 주차되어 있다.

entail
[intéil]

v. 수반하다, 초래하다, 부과하다

The job entails handling 24-hour telephone services only-no selling.
이 직책은 영업과는 무관하며 24시간 전화 상담 업무를 맡게 됩니다.

유 v. involve, impose

eternal
[itə́:rnl]

a. 영원한, 불변의

Today's cloning animals is the first step in the quest for eternal life.
오늘날의 동물 복제는 영원한 생명을 추구하는 첫 단계이다.

유 a. everlasting, immutable
반 a. temporal

gourmet
[guərméi ∠-]
영 [gúəmei]

n. 음식에 밝은 사람, 미식가

Enjoy spacious rooms with windows and elegant gourmet meals.
창문이 달린 넓은 방과 미식가를 위한 고급 식사도 즐기실 수 있습니다.

indigenous
[indídʒənəs]

a. 토착의, 원산의, 재래의

Imported beef will be an estimated three times cheaper than indigenous beef.
수입 쇠고기 가격은 국내산 쇠고기의 3분의 1정도일 것으로 예상되고 있다.

유 a. native

insecure
[ìnsikjúər]

a. 불안정한, 위태로운, 무너져 내릴 듯한

The society changes rapidly, the world gets more complex, we feel insecure.
사회는 급히 변화하고, 세상은 보다 복잡해지므로 우리는 불안전하게 느낀다.

유 a. vulnerable, shaky, precarious
반 a. secure

inspiration
[ìnspəréiʃən]

n. 영감, 고취, 고무

Our office has a beautiful view, so inspiration is an added bonus.
사무실이 좋은 경관을 가지고 있기 때문에, 덤으로 근무 의욕이 더 생깁니다.

반 n. expiration

interpersonal
[ìntərpə́:rsnəl]

a. 인간 사이에 존재하는, 대인 관계의

I have good interpersonal skills, which I believe is effective in selling products.
저는 대인 관계 능력이 아주 좋은데, 그런 면이 영업하는 데 유리하게 작용할 것이라고 믿습니다.

유 a. social

intricate
[íntrikət]

a. 얽힌, 복잡한

The jewelry he made was often very intricate and beautiful.
그가 만든 보석은 가끔 복잡하고 아름답다.

유 a. complex, complicated

jeopardize/ jeopardise
[dʒépərdàiz]

a. 위태롭게 하다, 위험에 빠뜨리다

The new development jeopardized the very survival of civilization.
새로운 개발로 문명의 생존 자체가 위협을 받게 되었다.

유 v. endanger

petition
[pitíʃən]

n. 청원, 탄원, 신청 **v.** 청원하다

The officials say more than 3,000 drivers have signed a petition demanding the recall.
관계자는 3,000명이 넘는 운전자들이 리콜을 요구하는 신청서에 서명했다고 말한다.

pierce
[píərs]

v. 꿰뚫다, 꿰찌르다, 뚫다, 뚫고 들어가다

While attending school, she pierced her nose, and died her hair yellow.
학창시절, 그녀는 코를 뚫고, 머리를 노랗게 염색했었다.

파 a. pierced 구멍이 난

radical
[rǽdikəl]

a. 근본적인, 급진적인, 극단적인

This was a too radical proposal at the time, and was not well accepted.
이것은 그 당시 너무 급진적 제안이어서, 잘 받아들여지지 않았다.

유 a. progressive

resign
[rizáin]

v. 사임하다, 사직하다, 포기하다

Peter Johnson has decided to resign, effective May 1.
피터 존슨은 5월 1일자로 퇴사하기로 결정했다.

반 phr. take office

seasonal
[síːzənl]

a. 계절의, 정기적인

The company had to have a sale to clear unsold seasonal merchandise.
그 회사는 팔리지 않은 계절 상품을 처분하기 위해 세일을 해야 했다.

반 a. year-round

toll
[tóul]

n. 사용세, 요금, 전화 요금

I called your toll-free customer service center to discuss voice quality of internet telephony.
저는 인터넷 전화 통화 품질을 상의하기 위해 귀사의 통화 요금 무료 고객 서비스 센터에 전화를 걸었습니다.

유 n. price, cost

voluntary
[váləntèri]
영 [vɔ́ləntəri]

a. 자발적인, 지원의, 의도적인

The bank will be laid off 200 more jobs by encouraging voluntary retirements.
그 은행은 자발적 퇴직을 통해 200명을 추가로 감원할 계획이다.

유 a. optional, discretionary
반 a. involuntary

accessible
[æksésəbl]

a. 접근하기 쉬운, 얻기 쉬운, 이해하기 쉬운

Now many entertainers are accessible to the public no matter where they are.
이제는 많은 연예인들이 그들이 어디에 있건 대중에게 접근하기 쉽다.

㈜ a. available, handy, comprehensible
㈜ a. inaccessible

cancer
[kǽnsər]

n. 암, 암적 존재

The cancer cells may invade different parts of the body.
암세포들이 신체의 다른 기관들을 침범할 수도 있다.

casualty
[kǽʒuəlti]

n. 사상자, 피해자

Some areas along the coast were hit by higher waves, but no casualties were reported.
해안을 따라 있는 여러 지역이 높은 파도에 타격을 당했지만, 사상자가 보도되지는 않았다.

confront
[kənfrʌ́nt]

v. 직면하다, 대면하다

We must show guts in a time of blessing by confronting evil.
우리는 축복의 시기에 우리가 당면한 악을 정면으로 맞서는 용기를 보여주어야 합니다.

㈜ v. face, challenge
㈜ v. avoid

constraint
[kənstréint]

n. 강제, 강요, 제약

This imposed financial constraints on the port area.
이것은 항구 전체 지역에 재정적인 압박을 주었다.

consumer
[kənsúːmər]
영 [kənsjúːmə]

n. 소비자

<u>Consumer</u> spending has swelled around 35 percent compared to the same period last year.
소비자 지출은 전년 동기간 대비 약 35% 증가했다.

반 n. producer

convene
[kənvíːn]

v. 소집하다, 소환하다, 회합하다

We'll <u>convene</u> in conference room A at 2 p.m.
회의실 A에서 오후 2시에 모이기를 바랍니다.

coordination
[kouɔ̀ːrdənéiʃən]

n. 동등, 대등 관계, (근육 운동의) 공동 작용

You need good <u>coordination</u> of hand and leg to play ball games.
구기 종목을 경기하려면 손과 다리의 운동 신경이 좋아야 한다.

crack
[kræk]

n. 갈라진 금, 갑작스런 날카로운 소리   **v.** 찰깍하며 깨지다

You can <u>crack</u> this toughened glass, but you can't break it.
이 강화 유리는 금이 가기는 해도, 부서지지는 않는다.

유 n. fissure, crevice, cleft

customer
[kʌ́stəmər]

n. 고객, 단골

We will reimburse the <u>customer</u> for the cost of the repairs.
저희는 고객 여러분께 수선비를 배상해 드립니다.

유 n. client, consumer, buyer

defer
[difə́ːr]

v. 연기하다, 미루다, 따르다

Jason has much more knowledge than I, so we have to <u>defer</u> to him.
제이슨은 나보다 아는 것이 훨씬 많아서, 우리는 그의 결정에 따라야 합니다.

deprive
[dipráiv]

v. 빼앗다, 박탈하다

It is invidious to deprive workers of welfare benefits.
직원들의 복지 혜택을 없애는 것은 불쾌한 일이다.

유 v. enrich

discipline
[dísəplin]

n. 훈련, 규율

Discipline is still enforced by hitting their students in some schools.
일부 학교들에서는 아직도 체벌로 규율을 잡는다.

반 n. indiscipline

distract
[distrǽkt]

v. 흐트러뜨리다, 신경을 흩뜨리다

You can easily be distracted by noise, so go somewhere quiet.
당신은 소음에 주의를 뺏기기 쉬우므로, 조용한 곳으로 가십시오.

반 v. attract

evolution
[èvəlú:ʃən]

n. 발달, 진화

Biological evolution is a long slow process.
생물학적 발전은 장기간에 걸쳐 서서히 진행된다.

반 n. devolution

fragile
[frǽdʒəl]
영 [frǽdʒail]

a. 부서지기 쉬운, 연약한

Our company produces glass-bottled products that are quite fragile.
우리 회사는 유리병으로 된 상품들을 생산하는데, 이것들은 매우 부서지기 쉽습니다.

gymnasium
[dʒimnéiziəm]

n. 체육관, (실내) 경기장

To the south of A block is a large gymnasium for sport and physical education.
A 블럭의 남쪽에는 운동과 체육 교육을 위한 커다란 체육관이 있다.

hatred
[héitrid]

n. 미움, 증오

What united the three groups was their hatred of wealthy people.
그 세 그룹을 통일시킨 것은 어떤 형태로든지의 부유층에 대한 증오였다.

⊕ n. dislike, hate, aversion
⊖ n. love

legacy
[légəsi]

n. 유산, 물려받은 것

They each received a legacy of $8,000.
그들은 각자 8천 달러의 유산을 받았다.

⊕ n. heritage, inheritance

mineral
[mínərəl]

n. 광물, 무기물, 미네랄

It was filled with mines that contain many minerals like gold, silver, and brass.
금, 은, 놋쇠와 같은 많은 무기물을 함유하고 있는 자원들로 가득차 있었다.

offset
[ɔ́:fsèt]

v. 차감 계산하다, 상쇄하다

We had to put up prices to offset the increased cost of production.
우리는 증가한 생산비를 벌충하기 위해 가격을 올려야만 했다.

personnel
[pə̀:rsənél]

n. 인원, 직원, 인사과

One of his duties is the hiring and management of hotel personnel.
그의 업무 중의 하나는 호텔 직원들의 고용과 관리이다.

procurement
[proukjúərmənt]

n. 획득, 구매, 조달

Natural gas profit rose because of lower procurement costs, the company said.
천연 가스 수익은 낮은 조달 비용으로 인해 증가했다고 회사 측에서 말했다.

remodel
[rìːmádl]
영 [rìːmɔ́dl]

v. ~의 형태를 고치다, 개조하다

Add value to your home by remodeling kitchen and bedroom.
부엌과 침실을 개조함으로써, 당신 집의 가치를 더하십시오.

scrutinize
[skrúːtənàiz]

v. 세밀히 조사하다, 유심히 보다

He scrutinized minutely all the documents relating to the sale of the vehicle.
그는 차량 판매와 관련된 모든 서류를 세밀히 보았다.

solicit
[səlísit]

v. 간청하다, 도움을 청하다, 권유하다

No person shall solicit others for contributions in connection with the case.
어떤 사람도 그 사건에 관하여 기부를 권유해서는 안 된다.

swap
[swáp]

v. 바꾸다, 교환하다 n. 교환, 교환품, 교환물

I swapped round with my friends.
나는 친구와 좌석을 바꿨다.

trigger
[trígər]

n. 방아쇠, 기폭장치

His irregularities were the trigger that brought about the company's collapse.
그의 비리 행위는 그 회사의 붕괴를 초래한 도화선이 되었다.

violation
[vàiəléiʃən]

n. 위반, 방해, 침입

The official has been ordered to detain any cars in violation of revised ordinance.
그 관계자는 개정된 법안을 위반한 차량은 억류해도 좋다는 명령을 받았습니다.

align
[əláin]

v. 일직선으로 하다, 정렬시키다, 일직선에 맞추다

The soldiers are aligned with progress.
군인들이 줄을 맞춰 행진하고 있다.

반 v. skew

alliance
[əláiəns]

n. 동맹, 결연, 연합

Officials are currently exploring the possibility of an economic alliance.
관료들은 지금 경제 협력의 가능성을 타진하고 있다.

allocate
[æləkèit]

v. 할당하다, 배분하다, 배치하다

Ten percent will be allocated to the emergency recovery operations.
10퍼센트는 비상 복구 사업에 할애된다.

annotate
[ǽnətèit]

v. 주석을 달다

The treasurer annotated the quarterly report with his comments and suggestions.
회계 담당자가 그 분기 보고서에 논평과 제안을 달았다.

파 a. annotated 주석이 달린

charter
[tʃɑ́ːrtər]

n. 특허장, 전세, 헌장 **v.** 전세 내다

The charter plane gives the best value for a relatively low price.
전세 비행기는 비교적 낮은 가격에 대해 최고의 가치를 제공해 드립니다.

cherish
[tʃériʃ]

v. 소중히 하다, 품다

I've always cherished a hope of working at an advertising agency.

저는 늘 광고 기획사에서 일하고 싶은 생각을 갖고 있었습니다.

compete
[kəmpíːt]

v. 경쟁하다, 비견하다

Other goods cannot compete with this in the price.

가격에 있어서 이것과 견줄 상품은 없다.

유 v. fight, battle

conceal
[kənsíːl]

v. 숨기다, 비밀로 하다

Concealed video cameras scan every part of the alley.

몰래 카메라가 골목길의 구석구석을 주시하고 있다.

유 v. hide

deserve
[dizə́ːrv]

v. ~ 할만하다, ~할 가치가 있다, 당연히 받을 만하다

Most students deserve to receive the education directed in right angle.

모든 학생들은 올바른 방향으로의 교육을 받을 권리가 있다.

유 v. earn, merit

fatigue
[fətíːg]

n. 피로 **v.** 피곤하게 하다

Chronic fatigue syndrome costs American industry at least $80 billion per year.

만성 피로 증후군이 미국 산업에 미치는 손실은 연간 최소 800억 달러에 달한다.

반 v. refresh

impose
[impóuz]

v. 지우다, 강요하다

Banks may impose a small charge for withdrawing money from a bank.

은행에서 돈을 인출할 때 은행이 약간의 수수료를 부과할 수도 있다.

유 v. lay

inaugurate
[inɔ́ːgjurèit]

v. ~의 취임식을 거행하다, …의 발회식을 행하다

The new theater was inaugurated by Robert Gates on April 9, 1997.
그 새 극장은 1997년 4월 9일에 로버트 게이츠가 개관식을 주도했다.

inquiry
[inkwáiəri]

n. 문의, 연구, 조사

The inquiry will focus on the security arrangements at the airport.
그 조사는 공항의 안전 조치에 대해 초점을 맞출 것이다.

반 v. answer

mingle
[míŋgl]

v. 섞다, 혼합하다, 섞이다

Allow the flavors to mingle together for 1 day.
양념들이 하루 동안 뒤섞이게 두세요.

유 v. mix

oblige
[əbláidʒ]

v. 강요하다, 어쩔 수 없이 ~하게 하다

The contract obliges them to pay a penalty if they finish late.
계약서에는 그들이 일을 늦게 끝내면 벌금을 내야 한다고 되어 있다.

반 v. disoblige

occasionally
[əkéiʒənli]

adv. 때때로

There's a poor contact that causes electric power to fail occasionally.
접촉이 불량한 곳이 있어서 전력이 가끔 끊어진다.

off-limits
[ɔ́ːflímits]

a. 출입 금지의, 사용 금지의 **adv.** 출입 금지 구역에서

The warehouse is strictly off limits to anyone who is not a company official.
그 창고는 회사 관계자가 아니면 누구에게나 출입이 엄격히 통제된다.

pest
[pést]

n. 해충, 유해물, 귀찮은 사람

Benefits include pest control, pollination, and maintenance of fertile soil.
혜택은 병충해 방지, 수분, 비옥한 토양의 유지를 포함합니다.

pill
[píl]

n. 환약, 알약

It combines two vitamins in a single pill.
두 가지 비타민을 하나의 알약으로 합쳤다.

provision
[prəvíʒən]

n. 조항, 규정, 준비

You shouldn't sign the contract until you have studied its provisions carefully.
계약 약관을 면밀히 검토할 때까지는 계약을 체결해서는 안 된다.

파 a. provisional 일시적인

residence
[rézədəns]

n. 주거, 거주

Residence in the apartment automatically qualifies you for entrance.
그 아파트에 거주하면 자동적으로 출입 자격이 주어진다.

revenue
[révənjùː]

n. 세입, 수익, 수입 총액

This new lap-top accounts for 50% of the company's revenues.
이 새 노트북이 회사 총 수익의 50%를 차지한다.

revise
[riváiz]

v. 교정하다, 개정하다, 복습하다

The sales forecast for December has been revised downwards.
12월의 예상 판매액이 하향 조정되었다.

유 v. edit, rewrite, rephrase

rubbish
[rʌ́biʃ]

n. 쓰레기 **v.** 헐뜯다, 비난하다

In those days, the site was on the edge of the area, and had been used as a rubbish tip.
그 당시에 그 장소는 그 지역의 외곽이었고, 쓰레기 버리는 곳으로 이용되었다.

유 n. crap, trash, garbage

stipulate
[stípjulèit]

v. 규정하다, 명기하다

The job advertisement stipulated that all applicants should have at least two years of working experience.
그 구인 광고는 모든 지원자들이 최소 2년의 실무 경력이 있어야 한다고 명기했다.

substantial
[səbstǽnʃəl]

a. 상당한, 실체의

His wife pointed out it would place a substantial burden on the household economy.
그의 부인은 그것이 가계에 상당한 부담이 될 것이라고 지적했다.

유 a. considerable, essential, sound
반 a. insubstantial

trend
[trénd]

n. 경향, 방향, 사조

The underlying trend of inflation is still upwards.
인플레이션 기저 동향은 아직도 상승 쪽이다.

유 n. tendency, movement, drift

vague
[véig]

a. 막연한, 흐릿한

We can't understand the problem because the explanation is too vague or cryptic.
설명이 너무 모호하거나 복잡하여 문제를 이해할 수 없습니다.

유 a. approximate, rough 반 defined

withdrawal
[wiðdrɔ́:əl]

n. 철수, 후퇴, 예금 인출

You can make withdrawals of up to $750 a day from your account.
당신은 계좌에서 하루에 750달러까지 인출할 수 있습니다.

Day 42

accumulate
[əkjúːmjulèit]

v. 모으다, 축적하다

Serious damage may be caused by heavy snow or ice accumulating on the roads.
심각한 피해는 폭우나 도로에 쌓인 얼음에 의해서 생길지도 모른다.

aggravate
[ǽgrəvèit]

v. 악화시키다, 괴롭히다

Apparently it wasn't the only one aggravated by the situation.
명백하게 그것은 상황을 악화시키는 유일한 것은 아니었다.

유 phr. make worse, v. annoy

allowance
[əláuəns]

n. 고려, 급여, 수당, 허용

The baggage allowance was gradually reduced.
수화물 허용이 점차 감소하였다.

announcement
[ənáunsmənt]

n. 공고, 발표

I heard the announcement for flight number 112 to begin boarding.
나는 112편의 비행기가 탑승을 시작한다는 안내 방송을 들었다.

boast
[bóust]

v. 자랑하다 **n.** 자랑

No other company can boast such high profits.
어떤 다른 회사도 그런 높은 수익을 자랑할 수 없다.

유 phr. show off
파 n. boasting 자랑, 과시

creditor
[kréditər]

n. 채권자

If the date is unclear, contact the creditor for specific information.
날짜가 명확하지 않으면, 특별한 정보에 관해 채권자와 연락해 보십시오.

반 n. debtor

debate
[dibéit]

v. 논쟁하다 **n.** 토론

The debate was about how to improve spoken and written English.
토론은 영어 말하기와 쓰기 향상 방법에 관한 것이었다.

유 v. discuss

exert
[igzə́:rt]

v. 쓰다, 행사하다, 발휘하다

The manager exerted all his authority to make his employees accept the plan.
그 지배인은 그의 모든 권위를 내세워 종업원들이 그 계획을 수용하도록 했다.

파 n. exertion 노력
  a. exertive 노력하는

forecast
[fɔ́:rkæ̀st]
영 [fɔ́:rkà:st]

v. 예보하다, 예상하다 **n.** 예상, 예보

Temperatures are forecasted to hit a record high tomorrow.
내일은 기온이 사상 최고를 기록할 것으로 예상된다.

유 v. foretell

fraud
[frɔ́:d]

n. 사기, 사기꾼

An investigation started and fraud was suspected.
조사가 시작되었고, 사기라고 의심되었다.

유 n. deception

greasy
[grí:si]

a. 기름이 묻은, 기름기 많은, 미끈미끈한

This has been favored by women in their twenties who appreciate the efficient yet non-greasy oil type cream.
이것은 효과적이면서도 끈적이지 않는 크림을 좋아하는 20대 여성들의 사랑을 받아 왔다.

유 a. fat, fatty

humanity
[hju:mǽnəti]

n. 인류, 인간성

The Great Wall of China has fascinated and puzzled humanity for centuries.
중국 만리장성은 수 세기 동안 인류를 매혹시키고 우리에게 수수께끼를 안겨주었다.

유 n. mankind

inquire
[inkwáiər]

v. 묻다, 질문을 하다

Before calling to inquire about the ordering, please be sure to have the credit card number on hand.
주문 관한 문의 전화를 하시기 전에, 반드시 신용카드 번호를 먼저 챙기십시오.

유 v. ask

intermediate
[ìntərmí:diət]

a. 중간의 **n.** 중간물

At school, I have been learning German, and I am at intermediate level.
학교에서 나는 독일어를 배우고 있고, 중간 단계에 있다.

유 a. middle, halfway
반 a. terminal

intervention
[ìntərvénʃən]

n. 개입, 중재

The government's intervention on currency market will not help.
외환 시장에 대한 정부의 개입은 도움이 되지 않을 것이다.

파 n. interventionist 간섭주의자

litter
[lítər]

n. 어질러진 물건, 난잡 **v.** 어질러 놓다, 흩뜨리다

Please don't litter with your old newspapers.
오래된 신문을 함부로 버리지 마십시오.

occupancy
[ákjupənsi]

n. 점유, 거주, 차용, 점유 기간, 재직 기간

Hotels reported occupancy rate had been below 50 percent on many days.
호텔들은 여러 날 객실 이용률이 50퍼센트를 밑도는 날이 많았다고 보고했다.

offensive
[əfénsiv]

a. 불쾌한, 무례한 **n.** 공격, 공세

In meetings the team leader always takes the offensive before she can be criticized.
회의 때마다 팀장은 항상 비판을 받기 전에 공세를 취한다.

유 a. abusive, bad, filthy
반 a. defensive

premise
[prémis]

n. (pl.) 토지, 부동산, 점포 내 건물

You may even have your new employees trained on your own premises.
귀사의 신입 사원을 귀사 내에서 교육을 받게 할 수도 있습니다.

racial
[réiʃəl]

a. 인종의, 민족의

I am not talking about racial discrimination, but religious feelings.
나는 인종차별에 관해서가 아니라 종교적 느낌을 말하고 있는 것입니다.

random
[rǽndəm]

a. 닥치는 대로의, 무작위의 **adv.** 일정하지 않게

Lotteries have random drawings of five numbers to find a winner.
복권은 당첨자를 뽑기 위해 무작위로 5개의 숫자를 제비뽑기 한다.

유 a. haphazard, indiscriminate
반 a. nonrandom

reject
[ridʒékt]

v. 거절하다, 받아들이지 않다 **n.** 거부된 것, 불합격자(품)

We ask the deputy to act on your behalf and approve, reject, and so on.
우리는 대리인에게 당신 대신 승인, 거부 등을 하도록 요청합니다.

유 v. refuse

subsequent
[sʌ́bsikwənt]

a. 다음의, 그 후의

We developed the fastest copier the world has ever seen, whether the first or subsequent copies.
우리는 한 장이든, 여러 장이든 세계에서 가장 빨리 복사하는 복사기를 개발했습니다.

유 a. consequent, incidental

subtle
[sʌ́tl]

a. 미묘한, 민감한

Some subtle colors are hard to recognize.
몇 가지 미묘한 색깔들은 알아차리기 어렵다.

㊤ a. harmful, perceptive
㊦ n. subtlety 희박

summit
[sʌ́mit]

n. 정상, 정상 회담 **a.** 정상급의 **v.** 정상 회담에 참가하다

A climb to the summit is safe and sound so long as proper precautions are taken.
정상에 오르는 것은 적절히 조심하는 한, 안전하다.

㊤ n. top

summon
[sʌ́mən]

v. 소환하다, 요구하다, 호출하다

The employers were summoned to the director's office.
그 직원들은 소장실로 불려갔다.

tragic
[trǽdʒik]

a. 비극의, 비참한

Generally, a tragic figure pursues an impossible love with a nice, young human.
일반적으로, 비극의 인물은 친절하고 젊은 사람과의 불가능한 사랑을 추구한다.

㊤ a. sad

undergo
[ʌ̀ndərgóu]

v. 받다, 경험하다, 견디다

In 1976, Richmond College underwent a merger and became the College of Staten Island of the City University of New York.
1976년도 리치몬드 대학은 합병을 거쳐서 뉴욕 시립대학의 스타텐 아일랜드 대학이 되었다.

㊤ v. experience

warehouse
[wɛ́ərhàus]

n. 창고, 저장고

Unused stock in a warehouse will be returned to the manufacturer.
창고에 있는 사용하지 않은 재고품들은 제조회사로 보내질 것이다.

㊤ n. depot, repository, store

anniversary
[æ̀nəvə́:rsəri]

n. 기념일 **a.** 기념일의

He comes to us on the eve of his third anniversary as governor of the state.
그는 주지사 취임 3주년 기념일을 하루 앞두고 저희를 찾아 주셨습니다.

apparently
[əpǽrəntli]

adv. 보기에, 외관상으로는, 명백히

Apparently, there will be two new employees on this Friday.
이번 금요일에 두 명의 신입사원이 새로 오는 게 확실한가 봅니다.

유 adv. seemingly, clearly

concede
[kənsí:d]

v. 인정하다, 부여하다

I concede to you fully that Einstein is the greatest scientist.
나는 아인슈타인이 위대한 과학자라는 것을 당신에게 충분히 인정합니다.

concord
[kánkɔːrd, káŋ-]
영 [kɔ́ŋ-, kɔ́n-]

n. 일치, 조화, 화합

Two companies can solve the problem in concord with each other.
두 회사는 그 문제를 서로 화합하여 풀 수 있다.

반 n. discord

depression
[dipréʃən]

n. 의기소침, 움푹한 땅, 불경기, 불황

Being obese also can cause depression and health troubles.
비만은 우울증과 건강 문제를 불러올 수도 있습니다.

반 n. elation

· Part3 - Day43 · 239

dignify
[dígnəfài]

v. 위엄있게 하다, 존귀하게 하다

The presence of the mayor dignified the occasion.
시장이 참석하여 그 행사의 위엄을 높여 주었다.

- v. ennoble

disposition
[dìspəzíʃən]

n. 배열, 성질, 경향

Hard work is not recommended to people of a nervous disposition.
힘든 일은 신경과민한 성격의 사람들에게는 권할 만한 게 아니다.

flee
[flíː]

v. 달아나다, 사라지다

Savers who are up to a thing or two, flee from the bank.
약삭빠른 저축자들이 그 은행으로부터 이탈하고 있다.

- phr. run away, run off
- a. fleet 빠른

glide
[gláid]

v. 미끄러지다, 활공하다 **n.** 미끄러지듯 움직임

It glides on easily, very glossy-almost like a lip gloss-but not oily.
그것은 쉽게 발라지며, 거의 입술 광택제 정도로 윤이 많이 나지만 기름기가 많지는 않습니다.

haste
[héist]

n. 급함, 서두름

The report had clearly been written in haste.
그 보고서는 분명히 성급히 쓰였을 것이다.

- v. hasten 재촉하다

heal
[híːl]

v. 고치다, 낫게 하다

If you increase your walking time, you'll put stress on the ankle, and it won't heal right.
걷는 시간을 늘리면 발목에 무리가 가서, 완전히 낫지 않을 수도 있습니다.

- v. treat   phr. care for

inhabit
[inhǽbit]

v. 살다, 거주하다

The people inhabiting the island are known as Jama Mapun or "people of Mapun."
그 섬에 사는 사람들은 야마 마푼 혹은 '마푼의 사람들'로 알려져 있다.

파 n. inhabitant 주민

innate
[inéit]

a. 타고난, 고유의, 본질적인

There was an innate toughness in these objects.
그런 물체에는 강인함이 내재되어 있는 셈이다.

반 a. acquired

insulation
[ìnsəléiʃən]
영 [ìnsjuléiʃən]

n. 절연, 절연체, 단열재

With better insulation, you can cut your heating bills by up to 23 percent.
좋은 단열재를 쓰면, 연료비를 23%까지 줄일 수 있습니다.

manual
[mǽnjuəl]

a. 손의 **n.** 소책자, 편람, 지도서

The manual steers the user through the machine's vital moving parts.
지도서를 통해 사용자는 그 기기의 주요 작동 부품들을 알게 된다.

유 a. blue-collar, hand-operated
반 a. automatic

melancholy
[mélənkàli]
영 [mélənkəli]

n. 우울, 침울 **a.** 우울한

There is a melancholy thread running through all her songs.
그녀의 모든 노래에는 우울한 기조가 흐른다.

neutrality
[nju:trǽləti]

n. 중립, 국외 중립

The new education minister said that the bill violates the principle of political neutrality of education.
신임 교육부 장관은 그 법안은 교육의 중립성이라는 원칙에 위배된다고 말했다.

peel
[píːl]

v. 껍질을 벗기다, 벗기다, 벗겨지다 **n.** 과일 껍질

Lemon peel contains vitamin C and is a source of dietary fiber.
레몬 껍질은 비타민 C를 포함하고 있고 식이 섬유의 공급원이다.

profession
[prəféʃən]

n. 직업, 공언

This is an advanced topic for somebody outside of the medical profession.
이는 의학계가 아닌 어떤 사람들에게는 진보적인 주제이다

유 n. occupation

publication
[pʌ̀bləkéiʃən]

n. 발표, 출판, 간행물

The editors vetted the manuscript before publication.
편집자들이 출판 전에 원고를 검토했다.

recycle
[riːsáikl]

v. 재활용하다, 재순환시키다, 개조하다

Only certain products, such as glass can be recycled profitably.
유리와 같은 특정 제품만이 재활용을 했을 때 수익성이 있다.

reliable
[riláiəbl]

a. 믿을 수 있는, 의지가 되는

Doctors prescribe the medicine because it's fast, effective and reliable.
약효가 빠르고, 효과적이고, 안심할 수 있기 때문에 의사들은 그 약을 처방합니다.

유 a. dependable
반 a. loyal, dedicated

revolutionary
[rèvəlúːʃənèri]
영 [rèvəlúːʃənəri]

a. 혁명의, 혁신적인 **n.** 혁명론자

To join, purchase our revolutionary new cellular phones.
함께 어울리기 위해, 당신은 혁신적인 휴대폰을 구입하십시오.

유 a. new

scarce
[skɛərs]

a. 부족한, 드문

But these days, jobs on Wall Street are scarce-and getting more so.
하지만 오늘날 월 가에서 직업을 구하는 것은 드문 일로, 점점 더 그렇게 되고 있습니다.

유 a. rare

sleek
[slíːk]

a. 매끄러운, 산뜻한

The sleek appearance of the 350-kilometers-per-hour express train did not disappoint.
시속 350킬로미터로 달릴 수 있는 고속철의 매끈한 외관은 시민들을 실망시키지 않았다.

유 a. smooth, glossy

stroll
[stróul]

v. 한가로이 거닐다, 산책하다

With your permission, I will now take a stroll around the premises
당신 허락이 있다면, 저는 이제 그 지역 주변을 한가로이 산책할 것입니다.

유 v. ramble

tentative
[téntətiv]

a. 시험적인, 임시의 n. 시험, 시도

The tentative agreement, reached early Friday, came without a strike.
잠정 협정은 파업 없이 금요일 일찍 합의에 이르렀다.

유 a. conditional, unsettled

vulnerable
[vʌ́lnərəbl]

a. 상처 입기 쉬운, 공격 받기 쉬운, 비난 받기 쉬운

When overused or misused, these drugs make a person more vulnerable to attack by many viruses.
과용하거나 오용했을 때, 이 약들은 사람을 많은 바이러스에 의해 쉽게 공격 받게 만든다.

adversity
[ædvə́ːrsəti]

n. 역경, 불운, (pl.) 재난

This is how she deals with adversity, by focusing on what can be changed rather than dwelling on the past.
과거에 연연하기보다는 변화할 수 있는 것에 초점을 두는 것이 그녀가 역경을 대처하는 방법이다.

agenda
[ədʒéndə]

n. 의사 일정, 협의 사항, 의제

This agenda will form the basis of new labor measures.
이번 의제는 새로운 노동 대책의 근거를 마련해줄 것이다.

aggressive
[əgrésiv]

a. 침략적인, 적극적인, 공격적인

Aggressive online advertisements have helped push carbonated dairy product consumption to record levels.
공격적인 온라인 광고가 탄산 유제품의 소비를 기록적 수준으로 끌어 올렸다.

㉠ a. defensive

aisle
[áil]

n. 통로, 측면의 복도

There was a woman in the aisle seat, a man next to the window.
여자가 통로 좌석에 있고, 남자는 창문 옆 좌석에 있다.

arbitration
[àːrbətréiʃən]

n. 조정, 중재

Both sides in the dispute have agreed to go to arbitration.
논쟁하던 양측은 중재하기로 동의했다.

banquet
[bǽŋkwit]

n. 연회, 잔치

For private events, the doors to the banquet room will be closed.
개인적인 행사로 인해, 연회장의 문들은 닫힐 것입니다.

bid
[bíd]

v. 명령하다, 값을 매기다 **n.** 입찰

Their bid is $3 million higher than ours.
그들의 입찰 가격은 우리보다 3백만 달러가 높다.

@ v.n. bargain, dicker

budget
[bʌ́dʒit]

n. 예산 **v.** 예산을 세우다

Due to financial restraints the marketing budget will be trimmed by five thousand dollars.
자금 압박 때문에 마케팅 예산이 5천 달러 축소될 것입니다.

circulate
[sə́ːrkjulèit]

v. 순환하다, 순환시키다, 돌리다

A student worker circulated lots of fliers around that whole area.
아르바이트 학생은 많은 광고지를 그곳 전 지역에 돌렸습니다.

comprehension
[kàmprihénʃən]
영 [kɔ̀mprihénʃən]

n. 이해, 이해력

The announcers on news programs must get his tongue around words to help viewer's comprehension.
뉴스 프로그램의 아나운서들은 시청자의 이해를 돕기 위해서 단어를 정확히 발음해야 한다.

@ n. incomprehension

curtail
[kərtéil]

v. 짧게 줄이다, 삭감하다

Employers increasingly curtail or completely eliminate annual performance bonuses for employers.
고용주들이 점차 직원들을 위한 연례 실적 보너스를 삭감하거나 완전히 없애고 있다.

@ v. shorten

decent
[díːsnt]

a. 남부럽지 않은, 예의 바른, (수입 등이) 상당한

We had a decent economic growth of 20 percent.
우리는 20퍼센트의 상당한 경제 성장을 이뤘다.

반 a. indecent

drastic
[dræstik]

a. 격렬한, 과감한 **n.** 극약

For political reasons, drastic measures were initially not applied in these territories.
정치적인 이유로, 과감한 조치는 초창기에 이 영역에서는 적용되지 않았다.

유 a. forceful

formidable
[fɔ́ːrmidəbl]

a. 무서운, 만만찮은

You are facing a formidable rival, so you have to stay on point
당신은 만만찮은 라이벌과 대치하고 있으니, 정신을 바짝 차려야 한다.

유 a. impressive, alarming

grasp
[græsp, gráːsp].
영 [gráːsp]

v. 붙잡다, 움켜잡다 **n.** 움켜잡기

Don't put dangerous things like scissors within children's grasp.
아이들의 손이 미치는 곳에 가위 같은 위험한 물건을 놓지 마세요.

유 a. grasping 붙잡는

gratitude
[grǽtətùːd]
영 [grǽtətjùːd]

n. 감사

I just wanted to express my gratitude for your care and support and unconditional love.
당신의 관심과 지원 그리고 무조건적인 사랑에 대해 감사드립니다.

반 n. ingratitude

legislation
[lèdʒisléiʃən]

n. 법률, 입법, 법률 제정

Perhaps when the legislation is actually passed, we will find out more about the details of how it will work.
아마도 그 법안이 실제로 통과되면, 우리는 그것이 어떻게 작용할 것인지에 대한 세부사항에 대해 좀더 알게 될 것이다.

lessen
[lésn]

v. 적게 하다, 작게 하다

Taking a hot tub will lessen the tension before you sleep.
뜨거운 물에 목욕하는 것은 자기 전에 긴장을 완화할 것이다.

유 v. decrease

mellow
[mélou]

a. 익은, 달콤한, 원숙한, 침착한

The radio actor's voice is very relaxed and mellow.
그 성우의 목소리는 아주 편안하고 차분하다.

유 a. ripe

pedestrian
[pədéstriən]

n. 보행자 **a.** 도보의

The careless pedestrian acknowledged (to us) that he was to blame for the accident.
그 부주의한 보행자는 (우리에게) 그 사고의 책임이 자신에게 있다고 인정했다.

prejudice
[prédʒudis]

n. 편견, 침해 **v.** 편견을 갖게 하다

Many employees with a high school diploma still encounter deep-seated prejudice in the work place.
아직도 많은 고졸 사원들이 직장에서 뿌리 깊은 편견에 부딪히고 있다.

파 a. prejudiced 선입관을 가진

reception
[risépʃən]

n. 환영, 응접, 평판

We recommend the Omega curtain for the reception area.
응접실용으로 오메가 커튼을 추천합니다.

sacrifice
[sǽkrəfàis]

n. 산 제물을 바침, 희생 **v.** 희생으로 바치다, 희생하다

He achieved success at great personal sacrifice.
그는 엄청난 개인적 희생을 치르고 성공을 거두었다.

scorch
[skɔ́ːrtʃ]

v. 태우다, 그슬리다 **n.** 탄 자국

There's a big scorch mark on his uniform
그의 유니폼에 커다랗게 다리미에 탄 자국이 났다.

파 a. scorched 탄, 그을린

solitary
[sάlətèri]

a. 혼자의, 외로운

When I live alone, I can't stand the solitary atmosphere.
혼자 살다보니, 외로운 분위기를 못 참겠다.

유 a. introverted, withdrawn

streamline
[stríːmlàin]

n. 유선형 **a.** 유선형의 **v.** 능률적으로 하다

The new boss wants to cut their workforce by 5 percent and streamline production.
새로 부임한 사장은 인력의 5%를 감원하고, 생산을 능률화시키려 한다.

sufficient
[səfíʃənt]

a. 충분한

You do not have sufficient rights to enter the premises.
권한이 충분하지 않기 때문에 그 건물에 들어갈 수 없습니다.

유 a. enough

supervise
[súːpərvàiz]
영 [sjúːpəvàiz]

v. 감독하다

Rao had supervised the company's storage warehouses for ten years.
라오는 10년 동안 회사의 보관 창고들을 감독했었다.

violate
[váiəlèit]

v. 위배하다, ~의 신성을 더럽히다

The court's ruling that the company had violated the law was appealed.
그 회사가 법을 어겼다는 법원의 판결에 상소가 제기되었다.

Day 45

alien
[éiljən, -liən]

a. 외국의, 이질적인, 우주의 **n.** 외국인, 외계인

The Immigrant Services Agency will send you an alien residence card within one week.
1주 이내로 이민국에서 외국인 체류증을 발급해 드리겠습니다.

⊛ a. foreign, strange, extrinsic

amend
[əménd]

v. 고치다, 수정하다

You may want to amend it, depending on what is needed.
무엇이 필요한가에 따라서, 그것을 고치고 싶을지도 모릅니다.

beforehand
[bifɔ́:rhænd, bə-]

a. adv. 미리(부터의), 벌써(부터의)

Effective immediately, working outside must be approved by supervisors beforehand.
내일부터 외근은 반드시 상사의 사전 승인을 받도록 하십시오.

⊛ a. early

collaborate
[kəlǽbərèit]

v. 공동으로 일하다

Data-sharing network allows you to collaborate over the Internet in real-time.
데이터 공유 네트워크는 인터넷상에서 실시간으로 공동 작업을 할 수 있도록 합니다.

comply
[kəmplái]

v. 응하다, 따르다

Failure to comply with all of the above can be a big disadvantage for promotion
상기의 모든 내용을 이행하지 않을 시는 승진에 있어 큰 불이익을 당할 수 있다.

customs
[kʌ́stəmz]

n. 관세, 세관

Passengers transferring to flights to the U.S. are not required to clear Canadian customs.
미국행 비행기로 갈아타시는 승객께서는 캐나다 세관이 필요 없습니다.

deduct
[didʌ́kt]

v. 빼다, 공제하다

I'll deduct coupons after I ring up the regular price.
정규 가격을 찍은 후에 쿠폰 가격을 빼 드리겠습니다.

- v. add
- n. deduction 빼기

deficient
[difíʃənt]

a. 부족한, 결함 있는 **n.** 결함이 있는 것(사람)

Our knowledge of biological and geological conditions of the prehistoric ages is still extraordinarily deficient.
고대 시대의 생물 및 지질학적 조건에 관한 우리의 지식은 아직도 턱없이 부족하다.

exceptional
[iksépʃənl]

a. 예외적인, 드문, 비범한, 뛰어난

Enjoy our exceptional customer service on the plane.
기내에서 우리의 최상의 고객 서비스를 즐기십시오.

- a. extraordinary, abnormal, uncommon
- adv. exceptionally 예외적으로

expel
[ikspél]

v. 내쫓다, 쫓아내다

People that complained about him were expelled from the organization.
그에 대해 불평하던 사람들은 그 단체에서 추방되었다.

- v. deport, exile, banish
- n. expellee 추방된 사람

faction
[fǽkʃən]

n. 당파, 경쟁

We had to unite the competing factions into a cohesive whole.
우리는 다투고 있는 당파를 하나의 통합된 집단으로 결속해야 했다.

- v. factionalize 파벌화하다

fake
[féik]

v. 위조하다, 날조하다, 속이다 **n.** 모조품 **a.** 가짜의

A group of people who planted fake luxury watches on others were caught.
가짜 명품 시계를 팔아넘긴 일당이 잡혔다.

유 n. imitation, forgery, dummy

forbid
[fərbíd, fɔːr-]

v. 금하다, 허락하지 않다

The law forbids stores to sell tobacco to minors.
상점이 미성년자에게 담배를 파는 것은 법으로 금지되어 있다.

gauge
[géidʒ]

n. 계량 기준, 표준 치수, 계량기

The gauge showed that pressure of water is normal.
계량기에서 수압이 정상으로 나타났다.

insider
[ìnsáidər]

n. 내부 사람, 회원, 내막에 밝은 사람

Industry insiders expect 32 inch LCD TV to make up for more than half of the total output.
업계 전문가들은 32인치 LCD TV의 비중이 전체 생산량의 절반을 넘어설 것으로 예상하고 있다.

international flight
[ìntərnǽʃənl fláit]

n. 국제선

It has no international flights, and very few domestic flights.
국제선은 없고, 국내선만 아주 약간 있습니다.

intersection
[ìntərsékʃən]

n. 교차, 횡단, 교차로

An official worked through the night to install the signpost at the intersection.
교차로에 표지판을 설치하기 위해 한 공무원이 밤샘 작업을 했다.

irritate
[írətèit]

v. 짜증나게 하다, 화나게 하다

Excessive washing and scrubbing also can irritate skin.
심하게 닦거나 문지르는 것 역시 피부에 염증을 일으킬 수 있습니다.

유 v. annoy

legislature
[lédʒislèitʃər]

n. 입법부, 의회

He was a member of the state legislature, which is not a local politician.
그는 주 의회의 일원이었고, 그것은 지역 정치인은 아니다.

optimum
[áptəməm]
영 [ɔ́ptəməm]

n. 최적 조건 **a.** 최적의, 가장 알맞은

The surgery was conducted under optimum conditions.
그 수술은 최적의 조건하에서 시행되었다.

유 a. best

prolong
[prəlɔ́:ŋ, -láŋ]
영 [prəlɔ́ŋ]

v. 늘이다, 연장하다

They prolonged periods of practice by a few days.
그들은 연습 기간을 며칠 더 연장했다.

유 v. extend

regional
[rí:dʒənl]

a. 지역의, 지방의

Midwestern cuisine is a regional cuisine of the American Midwest.
중서부 요리는 미국 중서부의 지방 음식이다.

유 a. territorial

relaxation
[rì:lækséiʃən]

n. 풀림, 이완

Yoga or meditation is a very powerful method of relaxation.
요가나 명상은 긴장을 완화하는 매우 강력한 방법입니다.

restructure
[rì:strʌ́ktʃər]

v. 재구성하다, 개혁하다, 재편성하다

Restructuring maximizes financial growth for those companies that have economic hardship.
구조 조정은 경제적 어려움을 지닌 회사들의 재정 성장을 극대화시켜 준다.

spectacle
[spéktəkl]

n. 광경, 장관, (pl.) 안경

The carnival parade is a magnificent spectacle.
카니발 행렬은 기막힌 장관이다.

파 a. spectacled 안경을 쓴

theft
[θéft]

n. 훔침, 도둑질

The woman accused of theft got six months.
절도 혐의가 있는 그 여자는 6개월 형을 받았다.

유 n. robbery, burglary, raid

toll-free
[tóulfrí:]

a. 무료 장거리 전화의, 전화 요금 무료로

The number, 3-1-2, is toll-free from any phone in the city.
번호 3-1-2는 그 도시 어느 전화에서도 무료입니다.

tuck
[tʌ́k]

v. 밀어 넣다, 걷어 올리다, 덮다 **n.** 접어 넣은 단

She tucked up her long skirt and waded into the pond.
그녀는 긴 치마를 추켜올리고 연못으로 걸어 들어갔다.

vicious
[víʃəs]

a. 나쁜, 악덕의, 잔인한

Scientists say that wild animals are not naturally cruel or vicious.
과학자들은 들짐승이 선천적으로 잔혹하거나 잔인하지 않다고 말한다.

유 a. brutal, savage

Part 04

최상위 어휘 익히기

900점 이상 목표 단계!

Day 46 ~ Day 57

Day 46

adjourn
[ədʒə́:rn]

v. 연기하다, 휴회하다, 회의를 연기하다

The trial was adjourned several times due to legal arguments.
재판은 법적 논쟁 때문에 여러 차례 일시 중지되었다.

applaud
[əplɔ́:d]

v. 박수치다, ~에게 박수치다

The pianist gave an exceptional performance; everyone applauded loudly.
피아니스트는 아주 탁월한 연주를 보여주었고 모든 사람들은 큰 박수를 보냈다.

㊛ v. clap

bankruptcy
[bǽŋkrʌptsi]

n. 파산, 도산

Prior to filing for bankruptcy, you should consult with the bankruptcy attorney.
파산을 신청하기에 앞서, 파산 전문 변호사와 상담을 해야 합니다.

boost
[bú:st]

n. 밀어 올림, 증대 **v.** 밀어 올리다, 증가하다

To help boost a dwindling natural treasure, five pairs of captive owls were released.
감소하고 있는 천연 기념물의 수를 늘리기 위해서, 잡혀 있던 5쌍의 올빼미들이 날려 보내졌다.

㈜ n. boosterism 열렬한 지지

cellular
[séljulər]

a. 세포의, 세포질의, 성기게 짠, 통화 존 식의

Many of traffic accidents occur while using the SMS with cellular phones these days.
요즘 많은 교통사고가 휴대전화로 문자 메시지를 이용하다가 발생한다.

(복합어) cellular phone 휴대 전화

chef
[ʃéf]

n. 요리사, 주방장

The chef received a pay increase after winning the competition with the greatest score.
그 요리사는 최고점으로 대회에서 우승한 후 급여가 인상되었다.

condominium
[kàndəmíniəm]
영 [kɔ́n-]

n. 공동 주권, 공동 통치국, 콘도, 분양 아파트

Condominium sales market experienced a fall in prices.
분양 아파트 판매 시장은 하향세를 겪고 있다.

contractor
[kántræktər]
영 [kəntræktər]

n. 계약자

Any contractor who is responsible to see that foreign workers were received permissions to work.
어떤 계약자이건 외국인 노동자들이 취업 허가를 받았는지 확실히 해야 합니다.

deficit
[défəsit]
영 [défəsit, difísit]

n. 부족(액), 적자

If the deficit spending continues, the inflation will be followed.
적자 지출이 계속되면, 인플레이션이 일어납니다.

반 n. surplus

discrepancy
[diskrépənsi]

n. 모순, 불일치, 어긋남

The discrepancy is due to the employment of different applications.
수치가 다르게 나온 것은 응용 프로그램을 채택했기 때문이다.

dwindle
[dwíndl]

v. 점차 감소하다, 감소하다

The number of subscribers dwindled to half of its previous volume.
구독자가 이전 규모의 반으로 줄었다.

fuss
[fÁs]

n. 몸달아 설침, 야단법석

Everybody has been making a fuss about the fact he is leaving.

모두들 그가 떠난다는 사실에 대해서 야단법석을 떨고 있습니다.

유 n. storm, outcry
파 a. fussy 야단법석 하는

impart
[impá:rt]

v. 전하다, 나누어 주다, 전하다, 알리다

The education programs impart a broader knowledge of English literature

교육 프로그램은 영문학 지식에 관해 보다 폭넓은 이해를 제공한다.

유 v. bestow, give, tell

mileage
[máilidʒ]

n. 총 마일 수, 주행 거리, 연비

Considering your vehicle's mileage at your last visit, the following service is now recommended.

지난 번 방문하셨을 때 고객님의 자동차 주행 거리를 고려해서 다음의 서비스를 받으시도록 권해 드립니다.

outlet
[áutlèt, -lit]

n. 출구, 직판점, 할인 매장

Visit your nearest outlet today for trying our new flavor of ice cream.

오늘 집근처의 할인 매장으로 가셔서 우리 회사의 새로운 맛의 아이스크림을 맛보십시오.

반 n. intake

patronage
[péitrənidʒ, pǽt-]
영 [pǽtrənidʒ]

n. 보호, 단골, 애용

We are grateful to you for your patronage of our products.

당사의 제품을 애용해주신 데 대해 감사드립니다.

peril
[pérəl]

n. 위험, (pl.) 위험한 것

He says scientific technology is a balance between promise of the past and peril of the future.

과학 기술은 과거의 약속과 미래의 위험 사이에 균형을 이루고 있다고 그는 말합니다.

premium
[príːmiəm]

n. 할증금, 할부금, 보험료

I pay the premium on my policy every three months.
나는 3개월마다 보험료를 낸다.

preside
[prizáid]

v. 의장이 되다, 사회를 보다, 주재하다

This Health and Welfare Minister has presided over systemic failure.
이 보건 복지부 장관은 시스템상의 실패를 주도해 왔습니다.

rebate
[ríːbeit, ribéit]
영 [ribéit]

v. 환불하다, 리베이트를 주다, 무디게 하다 **n.** 환불, 리베이트

Rebate information will be provided when you buy our clothes.
우리 옷을 구입할 때 환불 정보가 제공될 것입니다.

recipient
[risípiənt]

n. 수납자, 수령인, 용기 **a.** 수령하는, 받아들이는

He arranges payment to the overseas recipient.
그가 해외에 있는 수취인이 지급을 받을 수 있도록 조치한다.

rental
[réntl]

n. 임대료, 임차료 **a.** 임대의, 임대할 수 있는

The rental cars are located within the airport's new parking garage.
임대 차량은 공항의 새 주차장 내에 놓여져 있습니다.

resume
[rizúːm]

v. 다시 시작하다, 다시 차지하다

Full service will resume 30 January.
모든 서비스는 1월 30일부터 재개됩니다.

runway
[ránwèi]

n. 주로, 활주로

The jet has lifted off the runway and is now airborne.
제트 여객기는 활주로를 이륙하여 현재 비행 중이다.

specification
[spèsəfikéiʃən]

n. 상술, 명세, 명세서, (pl.) 설계서

Specifications will be changed to fit into the international standards by next month.
설계서가 다음 달까지 국제 기준에 맞게 개선될 것이다.

strategic
[strətí:dʒik]

a. 전략의, 전략적인

That agreement must begin with a renewed strategic partnership with Mexico.
그 협정은 멕시코와 갱신된 전략적 제휴 관계로 시작해야만 한다.

symptom
[símptəm]

n. 증상, 징후

Juvenile crime is a symptom of the failure of public education.
공교육 실패의 징후가 청소년 범죄로 나타난다.

token
[tóukən]

n. 표, 기념품, (지하철·버스 요금 등의) 대용 화폐, 서적 상품권

My parents gave me a book token for my birthday.
부모님은 생일 선물로 도서 상품권을 주셨다.

wane
[wéin]

v. 작아지다, 이지러지다 **n.** 이지러짐

He was a popular TV star, but now he is on the wane.
그는 인기있는 TV 스타였으나, 현재는 쇠퇴 일로에 있었다.

반 v. wax

• Part4 - Day46 • 261

anonymous
[ənánəməs]

a. 익명의, 작자 불명의

The relevant factors were provided by an anonymous source.
관련된 사항은 익명의 제보자에 의해 제공되었다.

⚜ a. unknown, unidentified, unnamed

assert
[əsə́ːrt]

v. 단언하다, 주장하다

The lawyer asserted that his client is innocent.
변호사는 자신의 의뢰인은 결백하다고 주장했다.

⚜ v. declare

authentic
[ɔːθéntik]

a. 진정한, 진짜의

She judged this drawing to be authentic, not imitation.
그녀는 그 그림이 모조품이 아니라 진품이라고 감정했다.

⚜ a. genuine, trustworthy

ballot
[bǽlət]

n. 투표용지, 투표

The issue will be decided at the ballot box.
그 문제는 투표장에서 결정될 것이다.

ban
[bǽn]

n. 금지 **v.** 금지하다

More and more outlets like theaters and fitness clubs ban camera phones on their premises.
실내에서의 카메라 폰 사용을 금하고 있는 극장이나 헬스클럽 같은 대중 시설이 점점 늘고 있습니다.

⚜ v. prohibit

brisk
[brísk]

a. 활발한, (공기·날씨 등이) 상쾌한 **v.** 활기를 띠게 하다

Temperatures will be a brisk 15 to 20 degrees during the evening.
저녁의 기온은 15도에서 20도로 쾌적함을 느낄 수 있겠습니다.

유 a. dull

comparable
[kámpərəbl]
영 [kɔ́mpərəbl]

a. ~와 비교되는

The last few decades have been polluted more than any comparable period in the past several hundred years.
지난 수십 년 사이에 지난 수백 년 동안에 비해 지구가 더욱 오염되었습니다.

유 a. same
반 a. incomparable

consecutive
[kənsékjutiv]

a. 연속적인, 계속되는

At the time, winners were retired after seven consecutive victories.
그 당시, 우승자는 7연승 후에 은퇴했다.

유 a. successive

crucial
[krúːʃəl]

a. 결정적인, 중대한

It is crucial for the drivers to concentrate on the condition of the streets.
운전자는 도로 상황에 집중하는 것이 매우 중요하다.

유 a. important, critical, decisive
반 a. noncrucial

depot
[díːpou, dé-]

n. 창고, 역, 상품 유통 거점

A list of authorized service depots will be delivered with the product.
지정 서비스 짐의 명단은 제품과 함께 배달될 것입니다.

fabricate
[fǽbrikèit]

v. 만들다, 제작하다, (전설·거짓말 등을) 꾸며내다

The suspect's alibi to the police was fabricated.
경찰에게 말한 피의자의 알리바이는 조작된 것이었다.

· Part4 · Day47 · 263

frustrate
[frʌ́streit]

v. 좌절시키다, 꺾다

I'm so frustrated with this customer management program.
새로 나온 이 고객 관리 프로그램 때문에 지쳤어요.

파 a. frustrated 좌절한

heir
[ɛ́ər]

n. 상속인, 후계자

The company owner's brother is his heir.
회사 사장의 동생은 사장 후임자이다.

irrelevant
[irélǝvǝnt]

a. 대중이 틀린, 무관계한, 소송의 쟁점과 관계없는

That is completely irrelevant to the case.
그것은 완전히 그 경우와는 무관하다.

유 a. immaterial, extraneous
반 a. relevant

masterpiece
[mǽstǝrpìːs, máːs-]
영 [máːstǝpìːs]

n. 걸작

In most crafts the creation of a masterpiece still requires art and mystery.
대부분의 공예에 있어서 걸작의 창조는 여전히 특수 기술이 요구된다.

menace
[ménis]

n. 협박, 위협   v. 위협하다, 협박하다

The South Korean mission in Moscow did not provide further details of the menace.
모스코바 주재 한국 대사관은 위협에 대한 구체적인 내용을 공개하지 않았습니다.

유 n. threat

merge
[mǝ́ːrdʒ]

v. 합병하다

If we merge with the No. 2 industry Pontec firm, we'll be able to expand our client base.
만일 우리 회사가 2위 업체인 폰텍 사와 합병이 된다면, 우리의 고객 저변을 더욱 넓힐 수 있을 텐데요.

파 n. merger 합병

nasty
[nǽsti]
영 [náːsti]

a. 더러운, 불쾌한, 거친 **n.** 싫은 것

Due to nasty weather, I am not allowed to leave the house.
악천후로 인해 나는 외출이 허락되지 않았다.

유 a. difficult, hard
반 a. nice

postage
[póustidʒ]

n. 우편 요금

The stamp may still be valid for postage.
이 우표는 여전히 우편 요금으로 효력이 있을 것이다.

prescribe
[priskráib]

v. 규정하다, 처방하다

He prescribed music and recreational therapy.
그는 음악과 레크리에이션 요법을 처방했다.

파 a. prescribed 규정된

realtor
[ríːəltər, -tɔ́ːr]
영 [ríəltər, ríːl-]

n. 부동산업자, 공인 부동산 중개업자

Our realtor says there aren't many villas available in that subdivision.
부동산 중개인은 그 지역에는 나와 있는 빌라가 많지 않다고 합니다.

reluctant
[rilʌ́ktənt]

a. 마음 내키지 않는

With the economy in bad shape, people are reluctant to buy luxuries.
경제가 좋지 않다 보니 사람들이 사치품 구입을 꺼린다.

somewhat
[sʌ́mhwʌ̀t]
영 [sʌ́mwɒ̀ːt]

adv. 얼마간, 다소

It is somewhat like putting the fox in charge of the hen house.
그것은 어느 정도 여우에게 닭장을 책임지라고 하는 것과 같다.

반 adv. unreasonably, immoderately

staircase
[stέərkèis]

n. 계단, 층계

An escalator is a moving staircase in a department store, underground railway, etc.
에스컬레이터는 백화점, 지하철 등에 있는 이동식 계단이다.

stance
[stǽns]
영 [stǽns, stάːns]

n. 발의 위치, 태도, 입장

The representatives have adopted an unpopular stance on the deficit.
대표들은 적자 문제에 대해 대중적이지 못한 태도를 취했다.

strive
[stráiv]

v. 노력하다, 힘쓰다

Please, always strive to in the best condition.
항상 최상의 컨디션을 유지하도록 노력해 주시기 바랍니다.

subsidize
[sʌ́bsədàiz]

v. 보조금을 지급하다

The government has subsidized remodeling projects for any apartment complex built more than 25 years ago.
정부는 25년 이상된 아파트단지의 리모델링 사업에 대해 보조금을 지급해 왔다.

surplus
[sə́ːrplʌs, -pləs]
영 [sə́ːpləs]

n. 나머지, 과잉 **a.** 과잉의, 나머지의

These goods are surplus to requirements.
이 물품들은 필요 이상으로 남는다.

tedious
[tíːdiəs, -dʒəs]
영 [tíːdiəs]

a. 지루한

This can be a rather tedious work, and can take a great deal of time.
이것은 다소 지루한 작업이고, 많은 시간이 걸릴 수 있다.

유 a. uninteresting

abstract
[ǽbstrǽkt, ⌐-]
형 [ǽbstrækt]

a. 추상적인 n. 추상 v. 추상하다

The paintings do not follow the traditional rules of abstract art.
그 그림들은 추상 예술의 전통적 법칙을 따르지 않았다.
반 a. concrete, practical

accord
[əkɔ́:rd]

v. 일치하다, 조화시키다, 허용하다 n. 일치, 합의

They came to an accord that profits would be shared equally.
그들은 이익을 균등하게 나누기로 합의했다.
반 n. disagreement
파 n. accordance 일치

anticipate
[æntísəpèit]

v. 예기하다, 기대하다

Both companies anticipate hiring the additional employees in March.
양 사는 3월에 추가 직원을 채용할 것으로 예상합니다.
유 v. want, forestall

assemble
[əsémbl]

v. 모으다, 조립하다, 모이다

The furniture is easy to assemble - all you need is a screwdriver.
그 가구는 조립하기 쉽다 – 당신은 드라이버만 있으면 된다.
반 v. disassemble
파 a. assembled 모인

automate
[ɔ́:təmèit]

v. 자동화하다, 자동화로 제조하다

Remote controlled is much different from fully automated.
원격 제어는 완전 자동화와는 많이 다르다.
파 a. automated 자동화된

deteriorate
[ditíəriərèit]

v. 나쁘게 하다, 나빠지다

In September, employment conditions for young adults deteriorated to a 8.3 percent.
9월에 들어와 청년 실업률이 8.3퍼센트로 악화되었다.

반 v. recuperate

disorder
[disɔ́:rdər]

n. 무질서, 소란 **v.** 어지럽히다

The major cities are calm, but continuing disorder has been reported elsewhere.
주요 도시들은 잠잠하지만, 다른 곳에서는 계속적인 소요가 보도되고 있다.

유 n. confusion

durable
[dúərəbl]
영 [djúərəbl]

a. 영속성 있는, 튼튼한 **n.** (pl.) 내구(소비)재

Wood is the easiest surface to paint and is durable enough to use for many years.
나무는 페인트를 칠하기 가장 쉬운 표면이며, 몇 년을 사용해도 충분할 정도로 내구성이 있다.

economical
[èkənámikəl, ì:k-]
영 [ekənɔ́mikəl]

a. 경제적인, 절약이 되는

It's more economical to buy ingredients on the open market.
음식 재료를 공개 시장에서 구입하면 경제적이다.

유 a. saving, thrifty

endeavor/ endeavour
[indévər, en-]

n. 노력 **v.** 노력하다

Please make every endeavor to arrive on time.
정시에 맞춰 도착할 수 있도록 모든 노력을 다 해 주십시오.

유 n. effort v. strive, try

envision
[invíʒən, en-]

v. 마음에 그리다, 상상하다, 구상하다, 계획하다

He envisioned the carpets made from flameproof material for use in nurseries, children's rooms, and schools.
그는 타지 않는 재료로 만든 카펫트를 탁아소, 아이들 방, 학교 등지에서 사용할 수 있도록 계획했다.

유 v. visualize, contemplate

generate
[dʒénərèit]

v. 일으키다, 발생시키다, 산출하다

If we start to generate some sales, we might begin to advertise in a newspaper.
판매가 되기 시작하면 신문 광고도 시작할 것입니다.

humidity
[hjuːmídəti]

n. 습기, 습도

High humidity in winter makes air feel warmer, so we can save the heating costs.
겨울에 습도가 높으면 공기가 더 따뜻하게 느껴지므로 난방비를 절약할 수 있습니다.

유 n. dampness

incidental
[ìnsədéntl]

a. 부수하여 일어나는, 불시의, 임시의

The budget did not include incidental costs, such as paper cups and copier paper.
그 예산에 종이컵 및 복사용지와 같은 잡비는 포함되지 않는다.

유 a. secondary, subsequent, peripheral
반 a. basic

innumerable
[inúːmərəbl]
영 [injúːmərəbl]

a. 셀 수 없이 많은

This implies that you have spent an innumerable amount of time and effort.
이것은 당신이 엄청나게 많은 시간과 노력을 소비했다는 것을 의미합니다.

유 a. incalculable

luncheon
[lʌ́ntʃən]

n. 점심, 오찬 모임 **v.** 점심을 먹다

The luncheon at the Hilton Hotel, originally scheduled for Wednesday, will be postponed until next week.
원래 수요일에 예정된 힐튼 호텔에서의 오찬 약속은 다음 주로 연기될 것입니다.

유 n. lunch

nominate
[nάmənèit]
영 [nɔ́mənèit]

v. 지명하다, 임명하다

Peter Brown, along with three other workers, was nominated for the Outstanding Employee Award.
피터 브라운은 다른 직원 세 명과 함께 최우수 사원상 후보로 지명되었다.

ominous
[ámənəs]
영 [ɔ́mənəs]

a. 불길한, 나쁜 징조의

Her novel contained ominous undertones of what was to come.
그녀의 소설에는 다가올 일에 대한 불길한 예감이 담겨 있었다.

유 a. alarming, unpropitious

proposal
[prəpóuzəl]

n. 신청, 제안, 결혼 신청

The lawmaker presented a proposal that all workers should be given free health inspection.
그 국회의원은 모든 노동자가 무료로 건강 검진을 받을 수 있도록 하는 안건을 제출했다.

유 n. recommendation, suggestion

refrain
[rifréin]

v. 그만두다, 삼가다

Please refrain from using the storage for private industrial purposes.
사적인 공업용으로 저장소 사용을 삼가시오.

반 v. act, consume

refute
[rifjúːt]

v. 논박하다, 반박하다, 잘못을 밝히다

He refuted all suggestions that he was planning to transfer to the international division.
그는 자기가 해외 영업 부서로 옮기려고 계획 중이라는 모든 제언들을 반박했다.

relocate
[riːloukéit, ---]
영 [riːləukéit]

v. 다시 배치하다, 이전시키다, 강제 소개시키다

Those department interested in relocating should submit applications to Director Jones by April 13st.
이주를 희망하는 부서는 4월 13일까지 존스 총무에게 신청서를 제출해 주시기 바랍니다.

seminar
[sémənàːr]

n. 연구, 세미나

Come see for yourself at the first seminar in the series being held Saturday, December 15.
12월 15일 토요일에 열리는 첫 번째 세미나에 오셔서 직접 확인해 보십시오.

sullen
[sʌ́lən]

a. 부루퉁한, 음침한

When the group opposed to his plan, he became sullen.
그 단체가 자기 계획에 반대를 하자, 그는 심기가 불편해졌다.

유 a. cloudy, ill-natured

surge
[sə́ːrdʒ]

v. 밀려오다, 쇄도하다 **n.** 큰 파도, 급상승, 증가

A sudden surge of agricultural imports can threaten the local farmers.
농산물 수입의 갑작스런 증가는 국내 농가를 위협할 수 있다.

testimony
[téstəmòuni]

n. 증언, 고백

According to an eyewitness testimony, the suspect wore a black cap.
목격자의 증언에 의하면, 용의자는 검은색 모자를 쓰고 있었다.

valid
[vǽlid]

a. 근거가 확실한, 유효한

Make sure the item is valid in this section.
이 구획에서의 항목이 유효한지 확인하십시오.

유 a. legal, logical, sound
반 a. invalid

voucher
[váutʃər]

n. 보증인, 증거 서류, 상품권, 할인권

The first 100 people to purchase will receive family restaurant discount vouchers.
구입자 중 선착순 100분에게는 패밀리 레스토랑 할인 쿠폰을 증정합니다.

warranty
[wɔ́ːrənti, wάr-]
영 [wɔ́rənti]

n. 근거, 정당한 이유, 보증서, 서약

A service plan is a separate policy from the manufacturer's warranty.
서비스 계획은 품질 보증과는 별도의 정책이다.

유 n. guarantee

accommodate
[əkámədèit]

v. 숙박시키다, 수용하다, 편의를 도모하다

The youth hostel can accommodate all the students of this school.
그 유스호스텔은 이 학교의 모든 학생을 수용할 수 있다.

advocate
[ǽdvəkèit]

v. 옹호하다 **n.** 창도자

Playing a card game is also advocated as a way of enhancing mental prowess.
카드 게임 하는 것은 또한 지적인 능력을 향상시키는 방법으로도 옹호되고 있다.

유 v. support

ailing
[éiliŋ]

a. 병든, 앓고 있는

These can then can replace the ailing cells of patients.
이러한 특정 유형의 세포들은 환자의 병든 세포를 대체하는 데 사용될 수 있다.

유 a. ill, sick

alumnus
[əlʌ́mnəs]

n. (pl.) -ni 남자 졸업생, 동창생, 교우

For those of who are here at Alumni Hall for your mid-term exam, please make sure that you have an OMR(Opitical Mark Reader) Card.
중간고사를 보기 위해 이곳 동창회관에 모인 학생 여러분, OMR 카드를 가지고 있는지 확인해 주십시오.

amazement
[əméizmənt]

n. 놀람, 경탄

The staff members watched in amazement as the service provider official fixed the problem in a matter of minutes.
직원들은 서비스 업체 직원이 문제를 몇 분 만에 해결하는 것을 놀란 눈으로 지켜보았다.

amenity
[əménəti, əmí:-]

n. 기분 좋음, (pl.) 쾌적한 오락시설, 화장실

The complaints included signs, amenities, flight availability, and scarcity of parking space.
불만사항으로는 표지판, 편의시설, 항공편 운항 횟수, 주차 공간 부족 등이 지적되었습니다.

반 n. disagreeableness

antibiotic
[æ̀ntibaiátik, -tai-]
영 [æ̀ntibaiɔ́tik]

n. 항생제

Antibiotics are also given to treat the infection.
항생제는 또한 감염을 치료하기 위해 주어진다.

assorted
[əsɔ́:rtid]

a. 분류된, 여러 구색을 갖춘, 다채로운

The meat will be served with salad or assorted vegetables.
고기는 샐러드나 다양한 야채와 함께 제공될 것입니다.

유 a. different, heterogeneous

bleak
[blí:k]

a. 황량한, 차가운, 궁색한

With future profits looking bleak, voluntary contributions slowed or completely ceased.
미래의 수익원이 매우 불확실한 상황에서 자발적인 기부는 감소하거나 완전히 중단됐다.

유 a. cold, hopeless, inhospitable

collateral
[kəlǽtərəl]
영 [kɔlǽtərəl]

a. 서로 나란한 **n.** 담보물

Unless you've got collateral, no financial institution will give you a loan.
담보가 없으면, 어떤 금융기관도 대출을 안 해줄 겁니다.

유 a. parallel

commotion
[kəmóuʃən]

n. 동요, 소요, 소란

The bill caused a tremendous commotion in the political world.
그 법안은 정치계에 커다란 파란을 일으켰다.

유 n. agitation, riot

controversy
[kántrəvə̀ːrsi]
🇬🇧 [kɔ́ntrəvə̀ːsi, kəntrɔ́və-]

n. 논란, 논쟁

Hundreds of people get on the Internet to get tickets to the concert, lured by the controversy.
수백 명의 사람들이 논란에 이끌려 콘서트 티켓을 사기 위해 인터넷에 접속하고 있습니다.

counterfeit
[káuntərfìt]

a. 위조의 **v.** 위조하다

If you are caught selling the counterfeit DVD's, your store can be shut down and you can be removed as a seller.
만약에 위조 DVD들을 팔다가 잡히면, 당신 상점은 문을 닫아야 하고, 당신은 상인을 그만해야 할 것입니다.

curb
[káːrb]

n. 재갈, 구속 **v.** 억제하다

The government is trying to curb the immigrants from third-world countries.
정부는 제 3국으로부터의 이민을 억제하려 하고 있다.

deem
[díːm]

v. 여기다, 간주하다, 생각하다

Don't set your philosophy by what other people deem important.
당신의 인생관을 다른 사람들이 중요하다고 생각하는 것들에 두지 마세요.

🔎 v. consider

defect
[díːfekt, difékt]

n. 결점, 결손, 부족 **v.** 탈퇴하다, 변절하다

It is hard for your company to avoid the blame for the defect.
귀사가 결함에 대한 책임을 면하기는 어렵습니다.

elevate
[éləvèit]

v. 올리다, 승진시키다

The status of women workers should be elevated higher in the work place.
직장에서 여성 근로자의 지위를 더 높여야 된다.

geographical
[dʒìːəgrǽfikəl]
영 [dʒìəgrǽfikəl]

a. 지리학의, 지리적인

From a geographical standpoint, we are entitled to the entire island.
지리적 관점에서 볼 때, 우리가 섬 전체에 대해 권리가 있다.

immune
[imjúːn]

a. 면한, 면역의, 면제된

Children are immune to viruses and bacteria after they receive the proper vaccine.
적절한 예방 접종을 받으면, 아이들은 바이러스와 박테리아에 면역이 생기게 된다.

유 a. unaffected, exempt

improvise
[ímprəvàiz]

v. 즉석에서 하다

In his jazz performance, the musician often improvises his own melodies.
그의 재즈 공연에서 그 음악가는 종종 자신의 멜로디를 즉석에서 만든다.

invalid
[ínvəlid]
영 [ínvəlid, ínvəlìːd]

a. 병약한, 타당하지 않은 **n.** 병자 **v.** 병약하게 하다

Liaisons and support teams stopped responding because the invitation is invalid.
도움 요청이 잘못되었기 때문에 연락 사무소와 지원팀에서 응답할 수 없습니다.

lawsuit
[lɔ́ːsùːt]
영 [lɔ́ːsjùːt]

n. 소송, 고소

When they were refused service, they promptly filed a lawsuit.
그들이 서비스를 거절당했을 때, 그들은 즉시 소송을 냈다.

lure
[lúər]
영 [ljúər]

n. 유혹 **v.** 유혹하다, 불러들이다

We have been seeking ways to lure foreign capital.
우리는 외국자본을 유치하는 방안을 모색해 왔다.

profile
[próufail]

n. 옆얼굴, 태도, 자세, 수준 **v.** ~의 윤곽을 그리다, 개요를 쓰다

He put on a calm front in the presence of high-profile people.
그는 중요한 위치의 사람과 있을 때는 차분한 태도를 취한다.

renowned
[rináund]

a. 유명한, 명성 있는

She's world renowned as a violinist and composer.
그녀는 바이올리니스트이자 작곡가로 세계적인 명성을 가지고 있습니다.

≒ a. known

sheer
[ʃîər]

a. 얇은, 비쳐 보이는, 섞인 것이 없는

Women's dresses should not be sleeveless, sheer, or loud color.
여성의 옷은 소매가 없거나, 속이 비치거나, 야한 색은 허용되지 않습니다.

≒ a. complete, thin, pure

volatile
[válətl,-til]

a. 휘발성의, 변덕스러운, 불안정한

The stock market is likely to remain volatile in the near future.
주식 시장은 당분간 급격한 변동을 계속할 것으로 보인다.

vow
[váu]

n. 맹세 **v.** 맹세하다

Not long after that, I vowed never to make that same mistake again.
그 일이 있은 지 오래지 않아, 나는 같은 실수를 절대 반복하지 않겠다고 맹세했다.

wholesale
[hóulsèil]

a. 도매의, 전면적인 **n.** 도매, 대량 판매

A wholesale change of education policies in schools runs the risk of doing more harm than good.
교육 정책을 대대적으로 바꾸는 것은 득보다 해가 될 것입니다.

asthma
[ǽzmə, ǽs-]
⊛ [ǽsmə]

n. 천식

People with lung conditions such as asthma should consider postponing outdoor exercise when a flu is going around.
천식 같은 폐 질환을 앓고 있는 사람들은 감기가 유행일 때에는 야외로 나갈 생각을 잠시 보류해야 할 것입니다.

bleach
[blíːtʃ]

v. 표백하다 **n.** 표백제

This haircoloring doesn't contain peroxide or ammonia, which bleach the hair.
이 염색약에는 머리를 표백하는 과산화수소나 암모니아가 들어 있지 않다.

census
[sénsəs]

n. 인구 조사, 국세 조사 **v.** ~의 인구를 조사하다

A census of school children was taken during the 1970s.
통학 아동에 대한 인구 조사는 1970년대에 행해졌다.

chestnut
[tʃésnʌt, -nət]

n. 밤, 밤나무 **a.** 밤색의

The third park is an ecological forest filled with a variety of trees such as chestnut, and persimmon.
세 번째 공원인 생태 숲은 밤나무, 감나무 등과 같은 다양한 수목으로 가득 차 있다.

collide
[kəláid]

v. 충돌하다, 부딪치다

Two cars ran off the tracks, overturned, and collided against a median strip.
차량 두 편이 궤도에서 이탈해 전복하면서 중앙 분리대에 부딪쳤다.

· Part4 - Day50 · 277

comprehensive
[kàmprihénsiv]
영 [kɔ̀mprihénsiv]

a. 이해력이 있는, 포괄적인, 종합적인

We offer a highly competitive salary and a comprehensive benefits package.
저희는 꽤 높은 급여와 종합적인 복지 혜택을 제공합니다.

유 a. large, extensive
반 a. noncomprehensive

confess
[kənfés]

v. 자백하다, 인정하다, 고백하다

He reversed himself several times to finally admit the crime to which he had already confessed.
그는 여러 번을 번복하다가 마침내 이미 자백했던 범행 사실을 인정했다.

contingency
[kəntíndʒənsi]

n. 우연성, 우발 사건, 부수 사고, 임시 비용

However, such contingencies never occurred in practice.
하지만, 이 같은 우발성은 연습할 때에는 결코 일어나지 않았다.

correspondence
[kɔ̀:rəspándəns, kàr-]
영 [kɔ̀rəspɔ́ndəns]

n. 일치, 상응, 통신, 왕복 문서

I haven't had time to read the correspondence.
우편물을 읽을 시간이 없었습니다.

반 n. asymmetry

cosmetic
[kazmétik]
영 [kɔzmétik]

a. 화장용의 **n.** 화장품

Now, time to go to the cosmetic shops!
이제, 화장품 가게로 갈 시간입니다!

courier
[kə́:riər, kú-]
영 [kúrriə(r)]

n. 안내원, 가이드, 급사, 특사

Daily courier services are provided by five major companies.
일일 속달 서비스는 다섯 곳의 주요 회사에 의해 제공됩니다.

coverage
[kʌ́vəridʒ]

n. 보도, 보상, 유효 청취 범위

My policy gives coverage against disease and accident.
내 보험으로 질병과 사고에 대해 보상이 된다.

delinquent
[dilíŋkwənt]

a. 직무 태만의, 비행자의, 체납의 **n.** 태만자

We are sorry to inform you that your loan rate is delinquent.
귀하의 대출 이자가 미불되어 있음을 알려드리게 되어 유감스럽게 생각합니다.

유 a. due, guilty, negligent

deprivation
[dèprivéiʃən]

n. 박탈, 파면, 손실, 궁핍

There are reasons for the exercise deprivation.
운동 부족에는 나름의 이유가 있습니다.

devastate
[dévəstèit]

v. 황폐화시키다

Nuclear weapons are said to be devastating enough to wipe out the whole world.
핵무기는 전세계를 괴멸시킬 만큼의 파괴력을 가졌다고 한다.

dispatch
[dispǽtʃ]

v. 급파하다, 재빨리 해치우다 **n.** 급파, 발송

Please advise me of the dispatch of the goods.
제게 상품 발송 사실을 통지해 주십시오.

domain
[douméin, də-]

n. 영토, 영역, (컴퓨터) 도메인

You must have Domain Administrator rights to install new software.
새 소프트웨어를 설치하려면 도메인 관리자 권한을 가지고 있어야 합니다.

entrepreneur
[à:ŋtrəprənə́:r]
영 [ɔntrəprənə́:(r)]

n. 기업가, 중개업자 v. entrepreneur의 역을 맡다

There's no special know-how for running your own business, or being an entrepreneur.
자영업을 하거나 창업자가 되는 데 특별한 노하우는 없습니다.

hinder
[híndər]

v. 방해하다 a. 후방의

Some thinks he opposes taxes in general, because they hinder economic growth.
일부 사람들은 그가 일반적으로 세금에 반대한다고 생각한다. 왜냐하면 세금은 경제 성장을 방해하기 때문이다.

유 v. prevent   a. posterior

ordinance
[ɔ́:rdənəns]

n. 법령, 조례

Some cities issued an ordinance that all dogs (should) be muzzled.
일부 도시는 모든 개에게 입마개를 씌워야 한다는 법령을 발표했다.

plea
[plí:]

n. 탄원, 청원

Many employees made a plea for their heavy work loads and bad working environment.
많은 종업원들은 그들의 과중한 업무량과 열악한 근무 환경에 대하여 탄원했다.

prevail
[privéil]

v. 우세하다, 이기다, 보급되다

Throughout the years Aloe would prevail as a natural healing treatment.
수 해에 걸쳐 알로에는 자연 치유 치료제로 보급되고 있다.

파 a. prevailing 우세한

render
[réndər]

v. ~을 …하게 하다, 주다, 해주다

Monthly statements is to be rendered together with a remittance in settlement.
월말 청구서는 결제 송금액과 함께 제출해 주십시오.

retail
[ríːteil]

n. 소매 **a.** 소매의

The retail sector adds half of what manufacturing kicks into our economy.
소매 부문은 제조업이 경제에 기여하는 분량의 절반을 보탠다.

speculation
[spèkjuléiʃən]

n. 사색, 투기, 추측

There's been a lot of speculation on your part.
당신의 부분에 대해선 갖가지 추측이 난무했습니다.

㉞ n. assumption, guess, presumption

sponsor
[spánsər]
영 [spɔ́nsər]

n. 보증인, 후원자 **v.** 후원하다

The company sponsors many other sporting events and teams, mostly motorsports.
그 회사는 여러 다른 스포츠 행사와 팀, 대개 모터 스포츠를 후원한다.

㉞ n. donor, patron, promoter
반 v. boycott

statistical
[stətístikəl]

a. 통계적인, 통계에 근거한

You can break down the statistical data with this program.
이 프로그램으로 통계 자료를 분석할 수 있다.

subject
[sʌ́bdʒikt]

n. 주제, 학과 **a.** 영향을 받는, 지배를 받는 **v.** 복종시키다

Laying off employees are subject to stringent bureaucratic constraints.
감원은 각종 엄격한 관료적 제약을 받는다.

waive
[wéiv]

v. 포기하다, 보류하다, 적용하지 않다, 고려하지 않다

Paying taxes can be waived in cases of economic hardship.
경제적으로 어려운 경우에는 세금을 면제 받을 수 있다.

㉞ v. defer

blossom
[blásəm]
영 [blɔ́səm]

n. 꽃 **v.** 꽃 피다

The month of April sees the whole of campus turning pink with cherry blossoms.
4월이 되면 캠퍼스 전체가 벚꽃으로 인해 분홍으로 변하는 것을 볼 수 있습니다.

유 n. flower

chronic
[kránik]
영 [krɔ́nik]

a. 장기간에 걸친 **n.** 만성병 환자

This herb can ease chronic headaches and nervous breakdown.
이 허브는 만성 두통이나 신경 쇠약에 좋다.

유 a. long, usual, degenerative
반 a. acute

clap
[klǽp]

n. 파열음 **v.** 치다, 박수 갈채하다

The audience clapped after the performance.
청중들은 공연이 끝난 후 박수갈채를 보냈다.

conglomerate
[kənglámərət, kəŋ-]
[kənglɔ́mərət]

a. 둥글게 뭉친, 덩어리가 된 **n.** 집합체, 거대 복합 기업

Most magazines are owned by one of the large media conglomerates.
대부분의 잡지사들은 커다란 미디어 재벌 중의 하나가 소유하고 있다.

유 a. combined

controversial
[kàntrəvə́ːrʃəl]
영 [kɔ̀ntrəvə́ːʃəl]

a. 논쟁의, 논의의 여지가 있는

Global warming is not a controversial issue, it's a fact.
지구 온난화는 논란이 되고 있는 문제가 아니라, 사실이다.

유 a. questionable, debatable
반 a. uncontroversial

detach
[ditǽtʃ]

v. 떼다, 분리하다

This will effectively detach the database from the transaction manager.
이것은 트랜잭션 매니저로부터 데이터베이스를 효과적으로 분리할 것입니다.

유 v. remove

dilute
[dailúːt, di-]

v. 묽게 하다, 묽어지다, 강도를 약하게 하다
a. 묽게 한, 희석한

The bank issued more stock and diluted the shareholders' equity.
그 은행은 증권을 더 발행하여 주주들의 지분을 줄였다.

반 a. undiluted

emission
[imíʃən]

n. 발산, 방출, 배출

The true costs of Draconian emission controls would be astronomical.
배기가스 방출에 대한 가혹한 통제의 진정한 대가는 천문학적 규모가 될 것이다.

endangered
[indéindʒərd, en-]

a. 위험에 처한, 멸종될 위기에 이른

Here are some effective ways to revive the endangered species.
멸종 위기에 처한 동식물들을 되살리는 몇 가지 효과적인 방법들이 여기 있습니다.

유 a. vulnerable

equivalent
[ikwívələnt]

a. 동등한, 상당하는 **n.** 동등물

He and his family receive the equivalent of $200.
그와 그의 가족은 200달러 상당을 받는다.

유 a. comparable, corresponding
　n. counterpart, parallel

exquisite
[ikskwízit, ékskwizit]

a. 아주 아름다운, 절묘한, 정교한

The collector paid over $10,000 for the exquisite Oriental rug.
그 수집가는 멋진 동양산 융단을 사는 데 만 달러를 지불했다.

유 a. delicate

extinction
[ikstíŋkʃən]

n. 소화, 멸종

Dama Gazelle that are near extinction are often protected in wild life sanctuaries or zoos.
멸종 위기의 가젤은 주로 야생동물 보호지역이나 동물원에서 보호를 받는다.

fiscal
[fískəl]

a. 국고의, 재정상의, 회계의

It is estimated that when the new fiscal year begins July 1, the deficit will be $5.6 billion.
새 회계 연도를 7월 1일로 추산할 때, 적자는 560억 달러가 될 것이다.

반 a. nonfinancial

fulfill/fulfil
[fulfíl]

v. 다하다, 이행하다

Now you should fulfill all conditions, your homework, to build new factories in time.
이제 당신은 새 공장들을 예정대로 지을 모든 조건과 과제를 충족시켜야 한다.

파 n. fulfillment 이행

mend
[ménd]

v. 수선하다, 고치다, 고쳐지다

You'll need to turn off the water to mend the pipe.
파이프를 고치려면 물을 잠가야 할 것입니다.

반 v. break 파 n. mending 고치는 일, 수선

merchandise
[mə́ːrtʃəndàiz, -dàis]

n. 상품 **v.** 매매하다, 거래하다

The clerk let her return the merchandise and got a receipt.
점원은 물건을 반품시키고 영수증을 받았다.

유 v. buy, sell, purchase

observance
[əbzə́ːrvəns]

n. 의식, 준수

But his observance of the law is not evidence of a good character.
하지만 그의 법 준수는 좋은 성격을 나타내는 증거는 아니다.

반 n. nonobservance

overtake
[òuvərtéik]

v. 따라잡다, 추월하다

The Jamaican runner overtook the American runner to win the 100-meter race.
자메이카 선수는 미국 선수를 앞지르고 100미터 육상경기에서 우승했다.

㈜ v. compete, contend

permanent
[pə́:rmənənt]

a. 영속하는, 영구적인

The museum has an extensive permanent collection which is free to visit.
그 박물관은 무료 입장이 가능한 광범위한 영구적인 전시품들을 소장하고 있다.

⑪ a. temporary

preferred
[prifə́:rd]

a. 선취권 있는, 우선의, 발탁된, 승진한

Excellent leadership and multi-language skills are preferred.
뛰어난 리더쉽과 다양한 외국어 능력이 있는 분을 환영합니다 (선호합니다).

㈜ a. desirable, loved

prestige
[prestí:ʒ, -tí:dʒ]

n. 위신, 명성 **a.** 세평이 좋은

His prestige as an artist is known throughout the country.
예술가로서 그의 명성은 전국에 걸쳐 알려져 있다.

䀹 a. prestigeful 명성이 있는

prosperity
[prɑspérəti]
영 [prɔspérəti]

n. 번영, (pl.) 호황기

These are the keys to productivity and rising prosperity in the 21st century.
이런 요소가 생산성 및 21세기 번영 실현의 열쇠다.

ratio
[réiʃou, -ʃiòu]
영 [réiʃiòu]

n. 비, 비율

The nation is expected to become an aged society in 2022 when this ratio reaches 15 percent.
이 비율이 15퍼센트를 넘는 2022년부터는 "고령사회"가 될 것으로 보인다.

reimburse
[rì:imbə́:rs]

v. 변상하다, 갚다, 상환하다

We bought the supplies on the understanding that we would be reimbursed.
우리는 변제를 받는다는 조건으로 공급품을 구입했다.

㈜ v. indemnify, repay

sensation
[senséiʃən]

n. 감각, 느낌, 감동, 센세이션

These works created a sensation among the artists and critics.
이 작품들은 예술가들과 비평가들에게 큰 감동을 주었다.

spacious
[spéiʃəs]

a. 넓은, 광활한

We have a Lido deck with a restaurant, comfortable lounges, and spacious cabins.
갑판에 설치된 식당, 편안한 라운지, 널찍한 선실을 갖추고 있습니다.

stability
[stəbíləti]

n. 안정

Some ink jet prints are now considered to have excellent stability.
일부 잉크젯 프린터들은 현재 높은 안정성을 가지고 있다고 여겨지고 있다.

㈜ n. instability, unstableness

unprecedented
[ʌ̀nprésədèntid]
형 [ʌ̀nprésədèntid]

a. 전례가 없는

The digestive functions of modern people are deteriorating at an unprecedented rate.
현대인의 소화 기능은 전례 없이 빠른 속도로 나빠지고 있다.

㈜ a. new, unexampled

unwavering
[ʌ̀nwéivəriŋ]

a. 동요하지 않는, 확고한

Much of the campaign's success was due to the unwavering support of the people around them.
캠페인이 성공하기까지는 그들 주변의 전폭적인 지원이 가장 큰 힘이 되었다.

㈜ a. steady, resolute

Day 52

breakthrough
[bréikθrù:]

n. 돌파, 큰 발전, 약진, 타개

I am sure that people will feel that it is a significant breakthrough.
나는 사람들이 그것을 획기적인 돌파구라고 느낄 것이라고 확신한다.

coherent
[kouhíərənt, -hér-]

a. 시종일관한

World each different country needs to pursue a coherent economic policy.
각 국가는 일관성이 있는 경제 정책을 추구할 필요가 있다.

- 유. a. rational, seamless
- 반. a. incoherent

compatible
[kəmpǽtəbl]

a. 호환성의, 양립할 수 있는

The following network adapters are compatible with the chosen transport type.
다음 네트워크 어댑터는 선택한 전송 종류와 호환됩니다.

- 유. a. harmonious, congenial
- 반. a. incompatible

compensation
[kàmpənséiʃən]
영 [kɔ̀mpənséiʃən,-pen-]

n. 배상, 보상

I am asking for immediate compensation for the lost suitcase.
분실한 여행 가방에 대한 보상을 즉시 해 주시도록 요청합니다.

- 유. n. refund, rebate, award

complement
n.[kámpləmənt]
  영 [kɔ́mpləmənt]
v.[kámpləment]

n. 보완하는 것, 보어 **v.** 보완하다, 보충하다

Spicy Thai curry sauce complements the rich flavor of duck legs.
매운 태국 카레 소스는 풍부하게 양념이 된 오리 다리와 잘 어울린다.

concurrent
[kənkə́:rənt]

a. 동시 발생의, 수반하는, 공동으로 작용하는 **n.** 병발 사정

You can purchase a group product license by concurrent connection or by seat.
동시 연결 또는 사용자 단위로 제품 라이센스를 구입할 수 있습니다.

☞ a. synchronous, synchronic

console
[kάnsoul]
영 [kɔ́nsoul]

n. 콘솔, 소용돌이꼴, 콘솔형 캐비닛, 조작 탁자

We created the following folder using the Management Console.
관리 콘솔을 사용하여 다음 폴더를 만들었습니다.

corrosion
[kəróuʒən]

n. 부식

There was a lot of corrosion on metal parts of the machine.
기계의 금속 부분은 많이 부식됐다.

deciduous
[disídʒuəs]

a. 탈락성의, 낙엽성의, 덧없는

It is a deciduous tree, reaching a height of 20-30m.
그것은 낙엽성 수목으로 높이가 20-30m에 이른다.

deplete
[diplí:t]

v. 격감시키다, 고갈시키다, 방혈하다

Once our sales items are depleted, there will be no more available at these prices.
세일 품목들이 다 팔리고 나면 이 가격으로는 제품을 구입하실 수 없습니다.

diminish
[dimíniʃ]

v. 줄이다, 감소하다

The manager's reputation for prudence has diminished.
신중하기로 유명한 그 관리자의 평판이 떨어졌습니다.

☞ v. decrease

directory
[dirḗktəri, dai-]

a. 지휘의 **n.** 주소 성명록

Look in your telephone directory or look up the Internet for different agencies.
다른 대리점을 찾기 위해 당신 전화번호부를 찾아보든지 아니면 인터넷을 찾아보십시오.

ecology
[ikáləd͡ʒi]
영 [ikɔ́ləd͡ʒi]

n. 생태학, 생태, 자연 환경, 환경 보전

I would like to take a trip through the travel agency which specializes in ecology tours.
나는 생태 관광을 전문으로 하는 여행사를 통해 여행을 가고 싶습니다.

eminent
[émənənt]

a. 높은, 저명한, 뛰어난

Even the most eminent expert in a given field can be wrong.
주어진 영역에서 가장 뛰어난 전문가라 할지라도 틀릴 수 있다.

유 a. high, superior

feasible
[fí:zəbl]

a. 실행할 수 있는, 가능한

It will take quite some time before this hand-made handbag becomes more feasible to buy.
이 수제품 핸드백의 구입이 가능해지기 전까지 조금 시간이 걸릴 것이다.

유 a. practicable, possible

frantic
[fræntik]

a. 광란의, 미친 사람 같은

There was a frantic scramble for the best products.
최상의 물건을 잡기 위하여 광적인 쟁탈전이 있었다.

유 a. wild, agitated

inflict
[inflíkt]

v. 주다, 과하다

Inducing vomiting can inflict severe esophagus damage if done improperly.
토하게 하는 것이 적절하지 않게 행해졌을 경우에는 심각한 식도 손상을 입을 수 있다.

파 a. inflictive 보태는, 과하는 n. infliction. 가함, 형벌

infringement
[infríndʒmənt]

n. 위반, 위배, 침해, 위반 행위

The commercial value of your work is taken away by copyright infringement.
당신 작품의 상업적 가치는 특허권 침해에 의해 빼앗겼다.

lax
[læks]

a. 느슨한, 헐거운, 엄격하지 못한, 단정치 않은

The law is rather lax on this point.
그 법은 이 점에서는 꽤 느슨하다.

㊠ a. sloppy, shoddy, careless
㊡ a. tense

mortgage
[mɔ́ːrɡidʒ]

n. 저당 **v.** 저당 잡히다

He offered a mortgage on house property as security.
그는 집을 담보로 잡고 돈을 빌려 주겠다고 제의했다.

negotiable
[niɡóuʃiəblʒ -ʃəbl]

a. 교섭할 수 있는, 양도할 수 있는, 유통성 있는

Fill out an application for employment, but tell the interviewer that your salary is negotiable.
취직을 위한 지원서를 작성하십시오. 하지만 면접관에게 당신의 급료는 협의가 가능하다는 것을 말하십시오.

㊠ a. flexible, passable

paste
[péist]

n. 풀, 밀가루 반죽 **v.** 풀칠하다, (복사하여) 붙이다

If the link does not work, copy and paste it into your browser and press enter.
만일 링크가 작동하지 않을 시에는, 이 링크를 복사하여 귀하의 브라우저에 옮긴 다음 엔터를 누르십시오.

plumber
[plʌ́mər]

n. 배관공, 비밀 정보의 누설을 방지하는 사람

Our expert plumbers are well trained and totally competent.
저희 회사의 전문 배관공들은 잘 단련되어 있고, 아주 유능합니다.

procure
[proukjúər, prə-]
영 [prəkjúə(r)]

v. 획득하다

She was unable to procure a concert ticket for us.
그녀는 우리들에게 콘서트 티켓을 구해줄 수 없었다.

유 v. get, obtain

punctual
[páŋktʃuəl]

a. 시간을 잘 지키는

He is very brilliant, punctual, and also having a strong sense of responsibility, so all colleagues prefer working with him.
그는 아주 명석하고 시간을 잘 지키며 책임감이 강해서 모든 동료들이 그와 함께 일하기를 좋아합니다.

파 n. punctuality 시간 엄수
유 a. timely, prompt

requirement
[rikwáiərmənt]

n. 요구, 필요물

Newcomers were told that a profound bow was a daily requirement of the company.
신입사원들은 회사에서 매일 요구하는 사항 중 하나가 공손한 인사라고 들었다.

utilize
[jú:təlàiz]

v. 이용하다

Video game music has been utilized in many ways.
비디오 게임 음악은 다양한 방식으로 활용되고 있다.

유 make use of

verify
[vérəfài]

v. 증명하다, 확인하다

Please verify that your computers date and time are accurate.
당신 컴퓨터들의 날짜와 시간이 정확한지 확인하십시오.

Day 53

☐ **compile**
[kəmpáil]

v. 편집하다, 수집하다

This report was compiled from statistics given by each country.
이 보고서는 각국이 제시한 통계를 집계해 작성된 것입니다.

㈜ phr. make up

☐ **conspicuous**
[kənspíkjuəs]

a. 눈에 띄는, 뚜렷한

Mary's red hair always made her conspicuous in her office.
메리의 빨간색 머리는 항상 그녀를 직장에서 눈에 띄게 했다.

㈜ a. outstanding

☐ **demoralize**
[dimɔ́ːrəlàiz, -már-]
㈜ [dimɔ́rəlàiz]

v. ~의 풍속을 문란시키다, ~의 사기를 꺾다

Retail acquisitions are frequently troubled by overstocked goods, poor store locations, and demoralized staff.
소매업체 인수는 많은 재고들과, 후미진 점포 위치, 의욕을 상실한 직원들 때문에 어려움이 따르는 경우가 많다.

㈜ v. currupt, bewilder

☐ **detain**
[ditéin]

v. 못 가게 붙들다, 감금하다

The residents were detained while seeking talks with officials.
주민들이 관리들과의 면담을 요구하다가 감금되었습니다.

☐ **disclose**
[disklóuz]

v. 드러내다, 노출시키다

The journalist did not disclose the source of his information.
그 언론인은 정보의 출처를 밝히지 않았다.

dispense
[dispéns]

v. 분배하다, 베풀다

The Red Cross dispensed food and clothing to the poor.
적십자에서 빈민에게 식량과 의복을 나누어 주었다.

파 n. dispenser 약사, 자동판매기

disruption
[disrʌ́pʃən]

n. 붕괴, 분열, 혼란

The disruption the import of grain cannot be allowed to continue.
곡물 수입의 혼란은 계속되도록 허용될 수 없습니다.

유 n. disturbance

dose
[dóus]

n. 1회분(량), 복용량

The doctor prescribed a minimal dose of an anti-depressant.
의사는 소량의 신경 안정제 복용량을 처방했다.

endorse
[indɔ́:rs, en-]

v. (어음·증권 등에) 배서하다, 뒷받침하다

Please endorse your name on the check.
수표에 이서를 해 주십시오.

evaluation
[ivæ̀ljuéiʃən]

n. 평가, 사정

An evaluation of the product will be undertaken next Monday.
그 상품에 대한 평가는 다음 주 월요일에 시작할 예정입니다.

유 n. valuation

fortify
[fɔ́:rtəfài]

v. 요새화하다, 강화하다

Our formulated ingredients and fortifying nutrients make your skin healthier and glowing.
저희 처방에 함유된 성분과 강화된 영양분이 당신의 피부를 더욱 건강하고 빛나게 합니다.

반 v. weaken, disarm

imbalance
[imbǽləns]

n. 불균형, 불안정

Over the years the imbalances in the fund finally snowballed.
수 년에 걸쳐 자금상의 불균형은 마침내 눈덩이처럼 불어났습니다.

반 n. balance
파 a. imbalanced 불균형의

incentive
[inséntiv]

n. 격려, 자극, 장려금 **a.** 자극적인

YT's new incentive program started Monday and runs through Friday.
YT 사의 새로운 장려금 프로그램은 월요일에 시작되었고, 금요일까지 계속된다.

유 n. a. motive

initiate
[iníʃièit]

v. 시작하다, 가입시키다 **a.** 시작된 **n.** 신입자, 입회자

The construction was initiated with a three-year target date for completion.
그 건설은 3년 후를 완공의 목표일로 하고 시작되었다.

liquidate
[líkwidèit]

v. 청산하다, 갚다, 현금으로 바꾸다, 정리하다

These electronics will be liquidated at prices below their regular retail market value.
이 전자제품들은 일반 시중 소매가보다 저렴하게 처분될 것입니다.

litigation
[lìtəgéiʃən]

n. 소송, 기소

He is particularly known for his achievements in patent litigation.
그는 특히 특허 소송에서 승소한 것으로 유명하다.

municipal
[mjunísəpəl]

a. 자치 도시의, 시의 **n.** 지방채, 자치 도시의 주민

On Saturday, October 26th, there will be a dinner at the Longville Municipal Airport.
10월 26일 토요일에는 롱빌 시 공항에서 저녁식사가 있을 것이다.

유 a. domestic

poll
[póul]

n. 투표, 여론 조사 **v.** 투표하다

In a recent poll, three workers out of ten described their jobs somewhat dissatisfying.
최근의 한 여론 조사에서, 10명의 근로자 중 3명은 자신들의 직업에 어느 정도는 불만족하고 있는 것으로 나타났다.

presume
[prizúːm]
영 [prizjúːm]

v. 가정하다, 감히하다

July is presumed to have had greater income surplus due to weather effects.
7월은 날씨 영향으로 인해 소득 흑자가 커진 것으로 보인다.

proficient
[prəfíʃənt]

a. 익숙한, 능숙한 **n.** 숙달한 사람, 대가

He became proficient at playing all styles of guitar, including jazz.
그는 재즈를 포함하여 모든 종류의 기타를 연주하는 데 능숙해졌다.

유 a. skilled

prohibit
[prouhíbit, prə-]

v. 금하다, 금지하다

The museum is open to visitors, but photography is prohibited.
박물관은 방문자들에게 공개되고 있지만, 사진 촬영은 금지된다.

유 v. forbid

provoke
[prəvóuk]

v. 화나게 하다, 불러일으키다, 자극하여 시키다

His words were calculated to provoke his opponents.
그의 말은 자기의 반대파들을 자극하도록 계산된 것이다.

유 v. goad, prod, sting

recruit
[rikrúːt]

n. 신병, 신입 회원 **v.** (신입 회원·사원 등을) 모집하다

The boss has the final say in hiring new recruits.
신입 사원들을 뽑는 데는 사장님에게 최종적인 결정권이 있다.

유 n. trainee, apprentice

reinforce
[rì:infɔ́:rs]

v. 강화하다, ~의 힘을 북돋우다

Using this product, will help you to reinforce the learning effect.
이 제품을 사용하면, 학습 효과를 높이는 데 도움이 될 것입니다.

robust
[roubʌ́st, róubʌst]

a. 강건한, 확고한, 튼튼한

The market will maintain the robust growth trend even if profits are deteriorating.
수익이 줄어들고 있더라도 시장은 견고한 성장세를 유지할 것이다.

유 a. strong

savor/savour
[séivər]

n. 맛, 풍미 v. 맛이 있다, 맛보다

Savor the glass of wine at dinner time, because it is good for the heart and full of antioxidants.
저녁 시간에 포도주 한 잔을 맛보십시오. 왜냐하면 심장에 좋고 항산화 물질이 가득하기 때문입니다.

유 v. like
파 a. savory 맛 좋은, 향긋한

sincere
[sinsíər]

a. 성실한, 참된, 진실의

You should have made a sincere apology a long, long time ago.
당신은 아주 오래 오래 전에 진심어린 사과를 했어야 했다.

유 a. serious, genuine
파 adv. sincerely 마음으로부터

thrifty
[θrífti]

a. 검약하는, 아끼는

Flea markets have money bargains for thrifty shoppers.
벼룩시장에는 검소한 구매자들을 위한 저렴한 제품들이 많이 있다.

유 a. economical

utility bill
[ju:tíləti bíl]

n. 공과금

You can pay your public utility bills using this automatic machine.
공공요금은 이 자동 기계를 이용해서 내실 수 있습니다.

annex
[ənéks, ǽneks]
영 [ǽneks]

v. 부가하다, 합병하다 **n.** 부가물

The new annex also has a restaurant and a play area for young children.
새 별관은 또한 음식점과 어린 아이들의 놀이 공간을 가지고 있다.

⊕ v. obtain
파 n. annexation 부가

auction
[ɔ́ːkʃən]

n. 경매 **v.** 경매에서 팔다

You can sell your works from your own website or at an auction.
당신은 당신 작품들을 본인의 웹사이트나 혹은 경매에서 팔 수 있습니다.

bibliography
[bìbliǽgrəfi]
영 [bìbliɔ́grəfi]

n. 문헌학, 관계 서적 목록, 저서 목록

There's an extensive bibliography at the end of the paper.
광범위한 참고 문헌 목록이 논문 말미에 들어있어요.

commence
[kəméns]

v. 개시하다, 시작하다, 시작되다

The special course commences in December and ends in April.
특별 강좌는 12월에 시작되어서, 4월에 끝납니다.

파 n. commencement 개시

condolence
[kəndóuləns]

n. 애도, 애도의 말

He was receiving the condolences of his family and friends.
그는 가족과 친구들로부터 위로의 말을 듣고 있었다.

conjunction
[kəndʒʌ́ŋkʃən]

n. 결합, 연결, 접속사

Don't take this medicine in conjunction with any pain medications or caffeine.
이 약은 어떤 진통제나 카페인과도 병용하지 마십시오.

contingent
[kəntíndʒənt]

a. 부수하는, 불확정의, 혹 있을지도 모르는

The time of his arrival is contingent on the traffic conditions.
그의 도착 시각은 교통 상황에 달려 있다.

유 a. possible, uncertain

culminate
[kʌ́lmənèit]

v. 최고점에 달하다, 종료되다, 마무리되다

The end of his charity event culminated in a moving and powerful speech.
그가 이끌었던 자선 행사의 끝은 그의 감동적이며 강력한 연설로 절정에 이르렀다.

파 n. culmination 결말, 절정

dormitory
[dɔ́:rmətɔ̀:ri]
영 [dɔ́:mətri]

n. 기숙사

In that dormitory an unlocked door is an open invitation to commit a theft.
그 기숙사에서 문을 잠그지 않는 것은 물건을 훔쳐가라는 것과 마찬가지다.

enact
[inǽkt, en-]

v. 제정하다

The new regulation has been enacted for preservation of natural resources.
천연 자원 보존을 위해 새로운 규정이 제정되었다.

exploit
[ikspláit]

v. 개척하다, 개발하다, 착취하다 **n.** 공훈, 공적

His exploits as a beer salesman are legendary.
맥주 판매자로서 그가 세운 공은 정말 대단하다.

유 v. abuse, use, misuse

infrastructure
[ínfrəstrʌ̀ktʃər]

n. 하부 조직, 기본적 시설, 기반

This allows us to provide infrastructure like electricity and telecommunications networks at low cost.

이 덕분에 전기와 원격통신 부문과 같은 기반 시설을 낮은 가격에 공급받을 수 있거든요.

intimate
[íntəmət]

a. 친밀한

This challenge could result in the two becoming more intimate than ever, or not.

이 도전은 그 둘은 그 어느 때보다도 더 친밀하게 하는 결과를 가져올 수 있었다.

유 a. familiar

keynote
[kíːnòut]

n. 기본음, 기조 연설 **v.** 기조 연설을 하다

Douglas Steere will be the keynote speaker at the seminar.

더글라스 스티어 씨는 그 세미나에서 기조 연설을 할 것이다.

legitimate
[lidʒítəmət]

a. 합법적인, 적출의

It's a legitimate question, and we hope we've been able to provide a few answers.

그것은 정당한 질문이고, 우리는 우리가 몇 가지 대답을 제공해 줄 수 있었기를 희망합니다.

유 a. lawful

meantime
[míːntàim]

n. 그동안 **adv.** 그동안에

In the meantime, there could be a problem in the exhaust somewhere.

그 사이에 지친 어딘가에서 문제가 생길 것이 예상됩니다.

유 n. interval, interim

petty
[péti]

a. 작은, 마음이 좁은, 열등한

The teacher is taken up with petty administration than with teaching his students.

그 교사는 수업보다는 자질구레한 행정 업무에 시간을 빼앗기고 있다.

prospective
[prəspéktiv]

a. 예상된, 기대되는

We couldn't derive the prospective benefits from the United States .

우리는 미국으로부터 예기된 이익을 거둘 수 없었다.

반 a. retrospective

reference
[réfərəns]

n. 참조, 문의, 언급, 관련

Determine which to buy based on your personal references.

당신 개인적인 관련 사항들을 바탕으로 어떤 것을 구입할지 결정하십시오.

유 n. mention, quote

rigorous
[rígərəs]

a. 엄한, 엄격한

That test is not rigorous enough, so we don't have to accept it.

그 테스트는 충분히 엄격하지 않기 때문에, 그것을 받아들일 필요가 없습니다.

유 a. strict

sensor
[sénsɔːr, -sər]

n. 감지기, 감지 장치

Various sensors on land, sea and in space noted the explosion.

지상과 바다 및 우주에 배치된 여러 가지 탐지 장치에 폭발이 감지되었다.

shortcut
[ʃɔ́ːrtkʌ̀t]

n. 지름길, 손쉬운 방법 **a.** 손쉬운, 간단한

Computer users can customize any of 12 buttons as shortcuts for menus or other commands.

컴퓨터 사용자들은 메뉴나 다른 명령어들을 12개의 바로가기 키로 설정해 놓을 수 있다.

참 n. shortcut key 단축키

slack
[slǽk]

a. 늘어진, 되는대로의 **n.** 느슨함, 늘어짐

There is some slack in the retail sector.

소매 부문이 약간 침체되었다.

유 a. negligent, lax, standing

standstill
[stǽndstil]

n. 정지, 답보

The opening ceremony rehearsal in the downtown area this afternoon brought traffic to a standstill.
오늘 오후에 중심가에서 있었던 개회식 리허설로 교통이 마비되었다.

subscribe
[səbskráib]

v. 기부할 것을 약속하다, 예약 구독하다

We are pleased you have decided to subscribe for a magazine for another year.
1년 간 잡지 구독 계약을 연장해 주셔서 대단히 감사합니다.

파 n. subscriber 기부자

trespass
[tréspəs, -pæs]
명 [tréspəs]

v. 침입하다, 위법 행위를 하다 **n.** 불법 침해

He was accused of trespassing the private land without the consent of the land owner.
그는 사유지를 주인의 동의 없이 불법 침입한 죄로 기소되었다.

파 n. trespasser 불법 침입자

unanimous
[juːnǽnəməs]

a. 합의의, 만장일치의

Josh Burkman wins via unanimous decision; 29-28, 30-27, 29-27
조쉬 버크만은 29-28, 30-27, 29-27의 만장일치의 결론을 통해 이겼다.

유 a. undiversified, accordant

usher
[ʌ́ʃər]

n. 안내인 **v.** 안내하다

If you are hard of hearing, ask the usher for a special hearing device for the play.
당신이 귀가 어두우면, 안내인에게 연극을 보기 위해 특별한 청각 장치를 요구하십시오.

virtual
[vəː́rtʃuəl]

a. 사실상의, 가상의, [컴퓨터] 가상기억의

Several motivations lead people to contribute to virtual communities.
여러 동기들이 사람들로 하여금 가상 사회에 공헌하도록 했다.

유 a. essential, realistic

Day 55

asset
[ǽset]

n. 자산, 재산

The company has 630 acres of prime property as a non-performing asset.
그 회사는 무수익 자산으로 630 에이커의 도심의 땅을 갖고 있다.

반 n. liability

barter
[báːrtər]

v. 물물 교환하다, 교환하다 **n.** 물물 교환

The currency had almost no value and trade was by barter.
통화는 거의 가치가 없었고, 무역은 물물교환에 의해 이루어졌다.

blemish
[blémiʃ]

n. 흠, 여드름 **v.** 손상하다, 흠집을 내다

The doctor cured a blemish right in the middle of her face.
의사는 그녀의 얼굴 한가운데에 있는 뾰루지를 치료했다.

clout
[kláut]

n. 때림, 권력, 강타, 과녁, 압정

The organization has considerable political clout in New York.
그 단체는 뉴욕에서 상당한 정치적 권력을 갖고 있다.

cordially
[kɔ́ːrdʒəli]
영 [kɔ́ːdiəli]

adv. 진심으로, 정성껏

You are cordially invited to my wedding.
제 결혼식에 당신을 진심으로 초대합니다.

유 adv. heartily, sincerely

cozy
[kóuzi]

a. 아늑한, 편안한

The waitress showed us to a cozy table in the corner.
그 웨이트리스는 우리를 구석에 있는 아늑한 자리로 안내했다.

윤 a. close, friendly, comfortable

dignitary
[dígnətèri]
영 [dígnətəri]

n. 고위 인사, 고관   a. 존엄한, 명예 있는

He often gave dinners in the company of dignitaries.
그는 종종 그 회사의 고위 인사들에게 저녁식사를 대접했었다.

embargo
[imbáːrgou, em-]

n. 출항 금지   v. 출항 금지를 명하다

Some people actually want to put an embargo on European cattle.
일부 사람들은 사실 유럽산 가축에 대한 입출항 금지령을 원한다.

ethical
[éθikəl]

a. 도덕상의, 윤리적인

Online shopping has been the fastest to pick up on consumers' demand for ethical consumption.
인터넷 쇼핑은 윤리적인 소비에 대한 소비자의 욕구를 재빨리 충족시켜 왔습니다.

윤 a. right
파 adv. ethically 윤리적으로

exaggerate
[igzǽdʒərèit]

v. 과장하다

In truth, most of the advertisements were greatly exaggerated or fabricated.
사실, 광고의 대부분은 크게 과장되어 있거나, 조작되어 있었다.

윤 v. overstate, dramatize, embellish
반 v. understate

fringe
[frɪndʒ]

n. 술, 술 장식, 언저리, 주변

The boss decreased the hours of work and increased salaries and fringe benefits.
사장은 업무 시간은 줄이고, 봉급과 특별 수당은 늘렸다.

hygiene
[háidʒiːn]

n. 위생, 컴퓨터 바이러스 예방

The company has produced personal hygiene products since the 1980s.
그 회사는 1980년대 이후로 개인 위생 제품을 생산하고 있다.

monetary
[mánətèri, mʌ́n-]
영 [mʌ́nitəri]

a. 화폐의, 재정상의

Monetary policy indeed plays a very important role in maintaining the right conditions for growth.
통화 정책은 실로 성장하기 위한 좋은 조건을 유지하는 데 매우 중요한 역할을 하고 있습니다.

outlay
[áutlèi]

n. 지출, 경비, 지출액 **v.** 소비하다

Children's education costs account for nearly one-third of our monthly outlays.
교육비가 월 지출의 거의 1/3을 차지한다.

반 n. income

perplex
[pərpléks]

v. 난처하게 하다, 당황케 하다

Although perplexed, she didn't doubt its validity.
난처했음에도 불구하고, 그녀는 그것의 타당성을 의심하지 않았다.

유 v. bewilder
파 a. perplexed 난처한

portfolio
[pɔːrtfóuliòu]

n. 서류첩, 서류첩 속의 서류, 포트폴리오, 유가 증권

I am interested in diversifying my portfolio.
나는 보유 주식의 종류를 다양화할 생각이 있다.

portray
[pɔːrtréi]

v. 그리다, 묘사하다

In the film she is a more elegant character than portrayed in the book.
영화에서 그녀는 책에서 묘사된 것보다 더 우아하게 나온다.

파 n. portrayal 그리기, 묘화

predecessor
[prédəsèsər, príːdə-]
영 [príːdisèsər]

n. 전임자, 조상

The gallery was the predecessor to her current business located in New York.

그 화랑은 현재 뉴욕에 소재한 현대 갤러리의 전신이 되었다.

prosecute
[prásikjùːt]
영 [prɔ́sikjùːt]

v. 기소하다, 수행하다

He was not prosecuted because of lack of evidence.

그는 증거 부족으로 기소되지 않았다.

반 v. defend

redeemable
[ridíːməbl]

a. 되찾을 수 있는, 상환할 수 있는

We adopted an innovative prebooking redeemable system.

우리는 혁신적인 '예약 할인 제도'를 실시하고 있다.

유 a. convertible, recoverable

scoop
[skúːp]

n. 국자, 특종기사 **v.** 푸다, 뜨다, 특종기사를 내다

The paper had a scoop on the gossip mills.

신문은 이번 염문들을 특종으로 보도했다.

second-hand
[sékənd hǽnd]

n. 중고의 **adv.** 중고로

My car I bought second-hand is acting up.

중고로 산 내 차가 작동이 안 되고 말썽을 부린다.

straightforward
[strèitfɔ́ːrwərd]

a. 똑바른, 간단한, 수월한 **adv.** 똑바로

Finding a solution to the problem, such as dirt removal, is quite straightforward.

그 문제의 해결책을 찾는 것은 먼지를 제거하는 것처럼 아주 간단하다.

유 a. direct, straight

stringent
[stríndʒənt]

a. 엄중한, 강제적인, 자금이 핍박한, 설득력이 있는

This district has adopted more stringent environmental laws
이 지방은 좀더 엄중한 환경 법규를 도입했다.

🌐 a. demanding

sturdy
[stə́ːrdi]

a. 억센, 힘센

Make sure the appearance is sturdy and clean before you start to find it.
그것을 찾기 전에 겉모양이 튼튼하고 깨끗해야 한다는 것을 확실하게 하십시오.

🌐 a. stout

substantially
[səbstǽnʃəli]

adv. 실질상, 충분히

The sales in CDMA market picked up substantially.
CDMA 시장에서의 판매량이 상당히 증가했다.

swell
[swél]

v. 부풀다, 부풀게 하다, 증가시키다 **n.** 팽창, 증대

The humidity has swollen the wallpaper, cracking the floor tiles and the wall.
습기 때문에 벽지가 부풀어 올랐고, 바닥 타일과 벽에는 금이 가 있습니다.

🌐 v. expand

turnover
[tə́ːrnòuvər]

n. 전복, 전도, 접은 물건, 봉투의 뚜껑, 거래액

Daily turnover has been as much as $1 billion, the largest level since last March.
일일 회전률이 무려 10억 달러에 달하며 작년 3월 이후 최대치를 기록했다.

witty
[wíti]

a. 재치 있는, 익살맞은

The marketing industry makes a draft of witty commercial film.
마케팅 업계는 위트가 있는 광고 영상의 초안을 만들어내고 있습니다.

🌐 a. humorous

Day 56

appraisal
[əpréizəl]

n. 값 매김, 평가, 견적액, 업적 평가

We have developed a new personnel appraisal system for Human Resource Competence.
우리는 새로운 능력주의 인사평가 제도를 개발했습니다.

boycott
[bɔ́ikat]
영 [bɔ́ikɔt, -kət]

v. 보이콧하다, 배척하다 **n.** 보이콧, 불매 운동

A boycott on all imports started in Saudi Arabia on Feb.
모든 수입품에 대한 불매 운동이 2월에 사우디아라비아에서 시작되었다.

@ v. patronize

cholesterol
[kəléstəròul, -rɔ́ːl]
영 [kəléstərɔ́l]

n. 콜레스테롤

Too much cholesterol can block the blood vessels and cause every kind of illness.
콜레스테롤 수치가 높으면 혈관이 막혀서 모든 종류의 병이 생길 수도 있다.

commensurate
[kəménsərət, -ʃə-]

a. 같은 정도의, 액수가 알맞은, 공통된 단위를 가진

We offer a competitive salary commensurate with qualifications and experience.
우리는 능력과 경력에 상응해서 경쟁력 있는 급료를 제공합니다.

@ a. proportionate, coterminous, coextensive
@ a. incommensurate

correlate
[kɔ́ːrəlèit, kár-]
영 [kɔ́rəlèit]

v. 서로 관련시키다 **a.** 서로 관련 있는

Try to correlate your knowledge of law with that of economy.
당신의 법률 지식을 경제 지식과 서로 관련시키도록 노력하시오.

@ a. related

· Part4 - Day56 · 307

dismiss
[dismís]

v. 해산시키다, 해고하다

The company can dismiss its employees for being absent without leave.
회사는 무단 결근에 대해 종업원을 해고할 수 있다.

유 phr. brush aside v. banish
반 v. hire

embody
[imbádi, em-]
영 [imbɔ́di]

v. 구현하다, 구체화하다

His design principles embodied the "Medieval Renaissance".
그의 디자인 원칙들은 중세 르네상스를 구현시켰다.

encompass
[inkʌ́mpəs, en-]

v. 둘러싸다, 포위하다, 완전히 처리하다

The group members' frequent-flier plans will also encompass the new subscribers.
회원사들의 상용고객 우대제도도 신규 가입자를 포괄하게 된다.

evacuate
[ivǽkjuèit]

v. 비우다, 철수시키다

About 50 people is now being evacuated from the area, and it appears that all are unharmed.
약 50여명의 사람들을 사고 지점에서 대피시키고 있으며 부상자는 없는 것으로 보입니다.

유 v. evict, clear, eject

fruitful
[frúːtfəl]

a. 열매를 많이 맺는, 풍작을 가져오는, 유익한

It is too early to say whether this attempt will be fruitful.
이번 시도가 유익했다고 말하기는 아직 이릅니다.

유 a. rich, fat, productive
반 a. unfruitful

invoice
[ínvɔis]

n. 송장 v. 송장을 만들어 보내다

Receipts will always be presented with the copies of all the invoices if requested.
요구하실 경우 영수증은 항상 모든 송장의 사본들과 함께 보내질 것입니다.

ledger
[lédʒər]

n. 원부, 숙박부, 대장

Every business should keep a ledger contained the details of income and expenses.

모든 회사는 수입과 지출의 세부 사항을 담고 있는 대장을 보유해야 한다.

liable
[láiəbl]

a. 책임져야 할, 자칫하면 ~하는

The cardholder will not be liable for any unauthorized use of the lost credit card.

카드 소유자는 분실된 신용 카드의 어떠한 불법적 사용에 대해 책임이 없습니다.

유 a. likely, responsible, susceptible

lucrative
[lúːkrətiv]

a. 유리한, 돈이 벌리는, 무상으로 얻은

There are many lucrative opportunities in the field of cutting-edge science and technology.

첨단 과학 기술 분야에서 높은 수익을 올릴 수 있는 기회는 얼마든지 많습니다.

유 a. profitable

manipulation
[mənìpjuléiʃən]

v. 교묘하게 다루다, 조종하다, 교묘하게 조작하다

This would mean the reference or data was manipulated.

그것은 참고 자료나 데이터가 조작되었음을 의미한다.

pitfall
[pítfɔ̀ːl]

n. 함정, 뜻하지 않은 위험

We changed our plans suddenly, discovered a big pitfall.

큰 함정을 발견해서 우리는 갑자기 계획을 변경했다.

probationary
[proubéiʃənèri]
영 [prəbéiʃənèri]

a. 시험적인, 가채용의, 집행 유예의

He joined the project team on a probationary basis.

그는 수습으로 그 프로젝트 팀에 참여했다.

prophet
[práfit]
영 [prɔ́fit]

n. 예언자

His most recent work, "The Prophet," a collection of spiritual poems.
그의 최신작으로는 1923년에 발표된 영적인 시모음집인 예언자가 있습니다.

파 a. prophetic 예언자의

radically
[rǽdikəli]

adv. 원래는, 철저히, 급진적으로

Prices and exchange rate are going up radically.
물가와 환율이 급격하게 올라가고 있습니다.

rapport
[ræpɔ́ːr, rə-]

n. 관계, 접촉

Our division chief has a good rapport with his subordinates.
우리 부장님은 부하 직원들과 좋은 관계를 맺고 계신다.

reef
[ríːf]

n. 암초

Dr. Smith has been investigating how the rising ocean temperatures might be damaging reefs.
스미스 박사는 해수 온도 상승이 어떤 식으로 암초를 파괴하고 있는지 조사해 왔다.

rugged
[rʌ́gid]

a. 울퉁불퉁한, 주름진, 거친

Thank you for your bulk purchase of our rugged outerwear.
당사의 깔깔이 겉옷을 대량 구매해 주셔서 감사합니다.

유 a. difficult, hard, rough
반 a. delicate

skyrocket
[skáirɑ̀kit]
영 [skáirɔ̀kit]

n. 유성 불꽃, 봉화 **v.** 급등하다, 급등시키다

A recent survey indicates that share prices continue to skyrocket.
최근의 조사에 의하면 주가가 계속 치솟고 있다.

slash
[slǽʃ]

v. 깊이 베다, 인하하다, 삭제하다

Our prices have been slashed, with some refrigerators going for 50 dollars off.
가격을 대폭 할인하여, 50달러를 할인 판매하는 냉장고들도 있습니다.

slowdown
[slóudàun]

n. 감속, 태업, 경기 후퇴

Due to the economic slowdown, a hiring freeze is in effect until further notice.
경기 부진 때문에, 차후 공고가 있을 때까지 사원 채용 계획은 사실상 없다.

streak
[strí:k]

n. 줄, 줄무늬, 경향 **v.** 줄무늬를 넣다, 질주하다

Although the content is thick and sticky, it eventually absorbs without leaving behind white streaks.
내용물은 진하고 끈적끈적한 형태로 되어 있지만, 궁극에는 피부에 흰색 선들을 남기지 않고 모두 흡수됩니다.

susceptible
[səséptəbl]

a. 여지가 있는, 민감한

Those most susceptible to disease are often the elderly with chronic diseases.
질병에 가장 쉽게 감염되는 사람들은 만성질환을 가지고 있는 노약자들이다.

- a. temptable, impressible, open
- a. unsusceptible

traverse
[trǽvə:rs, trəvə́:rs]

v. 가로지르다, 방해하다

It took 3 hours and ten minutes to traverse the 55 mile distance.
55마일 거리를 횡단하는 데에는 3시간 10분이 걸린다.

apparatus
[æpərǽtəs, -réi-]
영 [æpəréitəs]

n. 기구, 기계, 장치

Keep all the fire fighting equipments and security apparatuses in good working condition and repair.
모든 소방 기구 및 안전 장치를 작동 가능한 상태로 항상 유지 보수한다.

ascertain
[æsərtéin]

v. 확인하다, 규명하다

Its merits cannot be ascertained unless we have a few experiences.
경험해 보지 않고서는 그 가치를 확인할 수 없다.

audit
[ɔ́:dit]

n. 회계 감사, 결산, 심사 **v.** 감사하다, 청강하다

The finances of the company are audited every year.
회사의 재정은 매년 회계감사를 받는다.

breakage
[bréikidʒ]

n. 파손, 파손 부분, 파손 예상액

If there is a breakage, you can prosecute a claim for damages within 3 days.
만약 파손된 부분이 있으면 3일 내에 손해 배상을 요구할 수 있다.

brittle
[brítl]

a. 부서지기 쉬운 **v.** 쉽게 부서지다

The roots are fibrous and branches are brittle.
뿌리는 강인하고, 나뭇가지는 부러지기 쉽다.

윤 a. breakable, untempered

cram
[kræm]

v. 밀어 넣다, 채워 넣다, 포식하다 **n.** 벼락공부

Don't try to cram everything the night before the exams.
시험 전날 모든 것을 벼락치기 하려고 시도하지 마세요.

- 유 n. stuff
- 파 a. crammed ~로 꽉 들어찬

debut
[déibju:]
영 [déibju:, debjú:]

n. 데뷔, 첫 등장 **v.** ~로 데뷔하다

The new product makes its debut this week.
그 신상품은 이번 주에 첫 선을 보인다.

deviate
[dí:vièit]

v. 빗나가다, 일탈하다, 빗나가게 하다, 일탈시키다

Top models feel secure enough to deviate from conventional behavior without losing their popularity.
최상위 모델들은 관습적인 행동에서 벗어나더라도 그들의 인기를 잃지 않을 만큼 안전하다고 느낀다.

- 유 v. divert

diversified
[divə́:rsəfàid, dai-]

a. 변화가 많은, 여러 가지의

To go global and ensure steady growth, management should be diversified.
세계화를 꾀하고 안정적인 성장을 확보하기 위해서, 경영의 다각화가 필요하다.

- 유 a. varied, wide-ranging
- 반 a. undiversified

downturn
[dáuntə̀:rn]

n. 하강, 하향, 침체, 불활발

The steady economic downturn is being felt very hard in Asia.
지속되는 경기 하강이 아시아에서는 더욱 심각하게 느껴집니다.

- 유 n. decline

dubious
[dú:biəs]
영 [djú:biəs]

a. 수상쩍은, 모호한

She gave a dubious excuse for being late.
그녀는 지각한 것에 대해 미덥지 않은 변명을 늘어놓았다.

- 유 a. uncertain, unsure, questionable

elicit
[ilísit]

v. 도출하다, 이끌어 내다, 유도해 내다

Her letter of demanding a refund elicited a quick response from the company.

그 회사는 그녀가 보낸 환불 요구 편지에 바로 답장을 해 주었다.

excursion
[ikskə́ːrʒən, -ʃən]
영 [ikskə́ːʃən]

n. 소풍, 짧은 여행

Some schools are cancelling school excursions to go abroad.

일부 학교들은 해외로 가는 수학여행을 취소하고 있습니다.

유 n. travel

grim
[grím]

a. 엄한, 엄격한, 무서운, 불길한

The weather information is grim for backyard chefs everywhere.

이 날씨 정보는 마당에서 파티를 즐기는 모든 이들에게는 끔찍하게 들릴 것이다.

유 a. severe, stern, cruel

harness
[háːrnis]

n. 마구, 직무, 장치 **v.** 마구를 채우다, 이용하다

The newest safety harness, the Windowchord, will be used starting next Wednesday.

최신의 장비인 '윈도코드' 는 다음 주 수요일부터 사용될 예정입니다.

heritage
[héritidʒ]

n. 세습 재산, 유산

The gardens of the palaces are a heritage of the Kings of Hanover.

그 성의 정원들은 하노버 왕조의 유산이다.

inhale
[inhéil]

v. 들이쉬다, 숨을 들이쉬다 **n.** 흡입

Then relax, bend yourself forward again and inhale.

그런 다음 힘을 뺀 채 몸을 앞으로 구부리고 숨을 들이마십시오.

반 v. exhale

혼동하기 쉬운 어휘

active a. 활동적인 | actual a. 실제의

adapt v. 적합[적응]시키다 | adopt v. 채용[채택]하다

affect v. 영향을 주다 | effect n. 결과, 효과 v. ~을 초래하다

afford a. ~할 여유가 있는 | n. effort 노력

alive a. 살아있는 (서술적) | live a. 생생한 (한정적), 생동하는

altar n. 제단 | alter v. 변경하다, 개조하다

analysis n. 분석 | analyze v. 분석하다

angel n. 천사 | angle n. 각도

bald a. 대머리의, 단조로운 | bold a. 대담한, 용감한

banish v. 추방하다 | vanish v. 사라지다

beard n. 턱수염 | mustache n. 콧수염

beside prep. ~옆에 | besides adv. ~ 이외에도, 게다가

blush v. (얼굴을) 붉히다 | brush n. 솔, 붓

carbon dioxide n. 이산화탄소 | carbon monoxide n. 일산화탄소

carton n. 종이 판지 | cartoon n. 만화

carve v. 조각하다 | curve n. 곡선

cite v. 인용하다 | site n. 장소

command v. 명령하다 | commend v. 추천하다

comparable a. 비교될 만한 | comparative a. 비교의

· 혼동하기 쉬운 어휘 · 319

complement n. 보충(물), 보완하는 것 | compliment n. 칭찬, 찬사

conscience n. 양심 | conscientious a. 양심적인

conscious a. 의식[자각]하고 있는 | consciousness n. 자각, 의식

considerable a. 상당한 | considerate a. 사려 깊은, 분별력 있는

contend v. 논쟁하다 | content v. 만족시키다

continuous a. 계속적인 | continual a. 반복되는

crash v. 충돌하다 | crush v. 눌러 부수다

credible a. 믿을 만한 | creditable a. 명예로운

daily a. 매일의 | dairy n. 낙농업

decease n. 사망 | disease n. 질병

dependent a. 의지하고 있는 | dependant n. 의지하고 있는 사람

desert n. 사막 v. 버리다 | dessert n. 디저트

desirable a. 바람직한 | desirous a. 원하는

economic a. 경제의, 경제학의 | economical a. 경제적인, 절약하는

emigrant a. (나가는) 이민의 | immigrant a. (들어오는) 이민의

evolution n. 진화, 전개 | revolution n. 혁명

explode v. 폭발하다 | explore v. 탐험하다

favorable a. 호의적인, 유리한 | favorite a. 가장 좋아하는

flash n. 섬광 | flesh n. 살

flatter v. 아첨하다 | flutter v. 날개치다

flight n. 비행 | fright n. 공포

poke v. 찌르다 | pork n. 돼지고기

general a. 일반적인 | generous a. 관대한

glove n. 장갑 | grove n. 작은 숲

glow v. 빛을 발하다 | grow v. 성장하다

hair n. 머리카락 | hare n. 산토끼

healthy a. 건강한 | healthful a. 건강에 좋은

historic a. 유서 깊은 | historical a. 역사상의

human a. 인간의 | humane a. 인도적인, 인정이 있는

imaginable a. 상상할 수 있는 | imaginary a. 상상의

industrial a. 산업의 | industrious a. 부지런한

ingenious a. 정교한, 교묘한 | ingenuous a. 솔직한, 천진난만한

jealous a. 샘이 많은 | zealous a. 열심인

judicial a. 사법의 | judicious a. 사리 밝은

laser n. 레이저 | razor n. 면도칼

literate a. 글을 읽고 쓸 줄 아는 | literary a. 문학의

loose a. 헐렁한, 느슨한 | lose v. 잃다

loyal a. 충실한 | royal a. 왕의

luxurious a. 호화로운 | luxuriant a. 무성한

marble n. 대리석 | marvel v. 놀라다

medical a. 의학의 | medicinal a. 약의

memorable a. 중요한 | memorial a. 기념의

momentary a. 순간적인 | momentous a. 중대한

objective n. 목적, 목표 a. 객관적인, 외계의 | objectivity n. 객관성

pedestrian n. 보행자 | pediatrician n. 소아과 의사

pray v. 기도하다 | prey n. 미끼 v. ~를 잡아먹다

practical a. 실질적인 | practicable a. 실천할 수 있는

precede v. 능가하다 | proceed v. 나아가다

principal n. 교장 a. 주요한 | principle n. 원칙

pulse n. 맥박 | purse n. 지갑

ragged a. 누더기의 | rugged a. 울퉁불퉁한

regrettable a. 유감스런 | regretful a. 유감으로 생각하는

release v. 해방하다 | relieve v. 경감하다

respectable a. 존경받을 만한 | respectful a. 공손한 | respective a. 각자의

sensible a. 지각 있는 | sensitive a. 민감한

soar v. 치솟다 | sore a. 쓰린

stationary a. 움직이지 않는 | stationery n. 문방구

suffice v. 충분(하게)하다 | surface n. 표면

superior a. 우월한 | inferior a. 열등한

sweat n. 땀 | sweet a. 달콤한

vacation n. 휴가 | vocation n. 직업

vegetarian n. 채식주의자 | veterinarian n. 수의사

variable a. 변덕스런 | various a. 다양한

Index

aboard	53
abolish	209
absolute	131
absorb	33
abstract	267
abundant	171
accelerate	161
access	78
accessible	224
accident	209
acclaim	88
accommodate	272
accompany	58
accomplish	78
accord	267
accordance	83
account	63
accrue	204
accumulate	234
accurate	88
accuse	78
achieve	38
acid	48
acknowledge	106
acquainted	146
acquire	121
adapt	73
additional	101
adhere	78
adjacent	146
adjourn	257
adjust	78
administration	194
admire	93
admission	71
admit	73
adopt	101
advantage	73
adversity	244
advertisement	189
advisable	204
advocate	272
affair	73
affect	73
afford	48
affordable	189
agency	101
agenda	244
aggravate	234
aggressive	244
agriculture	28
aid	79
ailing	272
aisle	244
alert	121
alien	249
align	229
alliance	229
allocate	229
allow	106
allowance	234
alongside	121
alter	184
alternate	184
alternative	131
altitude	214
alumnus	272
amazement	272
amazing	101
amend	249
amenity	273
amount	43
amusement	146
analyze	161
annex	297
anniversary	239
annotate	229

announce	43
announcement	234
anonymous	262
antibiotic	273
anticipate	267
apparatus	312
apparel	184
apparent	93
apparently	239
appear	43
appearance	106
appetite	171
applaud	257
applicant	106
apply	43
appraisal	307
approach	101
appropriate	93
approval	83
approximately	63
aptitude	111
arbitration	244
architecture	116
argue	79
arise	43
arouse	161
arrange	102
array	171
article	44
artificial	116
artwork	131
ascend	194
ascertain	312
aside	93
aspect	194
assemble	267
assembly	102
assert	262
asset	302
assign	194

assist	194
associate	88
assorted	273
assume	93
assure	195
asthma	277
astonishing	68
astronomy	179
atmosphere	68
attach	68
attain	179
attempt	63
attendant	88
attire	116
attitude	48
attorney	131
attraction	63
auction	297
audience	141
audit	312
authentic	262
author	68
authority	68
authorize	63
automate	267
await	131
awake	23
award	156
aware	88
awareness	204
awkward	195

B

backward	89
baggage	58
ballot	262
ban	262
bankruptcy	257

banquet	245
barrier	195
barter	302
basement	166
basis	94
bear	132
beat	23
beforehand	249
belly	161
belonging	64
beneficial	44
beneficiary	214
benefit	23
besides	126
bet	83
bewildering	106
bibliography	297
bid	245
bilingual	89
bill	79
biography	214
blame	23
blanket	48
blast	195
blaze	195
bleach	277
bleak	273
blemish	302
blossom	282
board	44
boast	234
bond	111
bookkeeper	214
boom	195
boost	257
border	107
bother	69
bounce	94
bound	89
boycott	307

branch	38
brand	107
breakage	312
breakthrough	287
breeze	89
brisk	263
brittle	312
broaden	126
browse	151
bubble	102
budget	245
bulk	171
bullet	121
burden	156
burst	79

C

cab	102
calculate	172
campaign	136
cancer	224
candidate	94
canyon	74
capability	196
capital	132
cargo	69
carriage	94
carton	166
carve	141
cast	69
casual	209
casualty	224
catalog	74
cater	161
cattle	33
caution	151
celebrity	48
cellular	257

censorship	204
census	277
certification	141
certify	151
chamber	94
changeable	89
channel	141
characteristic	94
charge	23
charter	229
chef	258
chemical	69
cherish	230
chest	49
chestnut	277
chief	53
cholesterol	307
chronic	282
chronicle	214
circuit	74
circulate	245
cite	116
citizen	79
civic	184
claim	33
clap	282
clarify	172
clash	102
classification	132
classified	209
climate	24
cling	111
clip	111
clout	302
clue	69
coarse	204
code	132
coherent	287
collaborate	249
collapse	219
collateral	273
colleague	146
collection	205
collide	277
colony	69
column	74
combined	146
comfortable	74
command	64
commence	297
commensurate	307
commerce	205
commit	95
commitment	83
committee	33
commodity	172
commotion	273
communicate	107
commute	136
comparable	263
compare	38
comparison	179
compartment	209
compatible	287
compensate	64
compensation	287
compete	230
competent	219
compile	292
complete	44
complex	156
compliance	184
compliment	219
complimentary	64
comply	249
component	205
composition	44
compound	64
comprehension	245
comprehensive	278

compromise	219
conceal	230
concede	239
concentrate	111
concept	199
concern	89
concerned	116
concerning	49
conclude	112
concord	239
concurrent	288
condolence	297
condominium	258
conduct	33
confer	185
conference	166
confess	278
confidence	156
confidential	126
confine	179
confirmation	166
conflict	49
conform	136
confront	224
congestion	141
conglomerate	282
congress	38
conjunction	298
conquer	199
conscience	162
consecutive	263
consensus	189
consent	172
consequence	199
consequently	166
conservation	147
consider	102
consignment	179
consist	74
consistent	38
console	288
conspicuous	292
constitute	215
constraint	224
construction	83
consult	189
consultant	205
consumer	225
contaminate	172
contamination	215
contempt	219
contend	210
contestant	210
contingency	278
contingent	298
contract	64
contractor	258
contradict	151
contribute	49
contributor	28
controversial	282
controversy	274
convene	225
convenient	112
convention	167
conventional	205
convert	112
convey	167
conviction	215
coordinate	136
coordination	225
cordially	302
correlate	307
correspond	75
correspondence	278
corridor	215
corrosion	288
cosmetic	278
costly	189
cottage	126

council	90
counsel	44
counterfeit	274
countless	132
courier	278
court	49
courteous	220
courtesy	156
coverage	279
cozy	302
crack	225
craft	103
cram	313
crash	84
crawl	95
credit	117
creditor	235
crisp	172
critical	147
criticize/criticise	185
crucial	263
crude	117
crush	24
cubic	117
cuisine	220
culminate	298
cultivate	220
cultivation	157
curb	274
curious	196
currency	136
current	24
curtail	245
customer	225
customize	173
customs	250

D

damage	45
damp	53
dare	65
dash	79
dawn	53
deadline	90
deadlock	215
deadly	117
deal	39
debate	235
debut	313
decent	246
deciduous	288
decision	84
declare	28
decline	126
deduct	250
deem	274
defeat	119
defect	274
defer	225
deficient	250
deficit	258
define	119
defy	28
degree	80
delay	205
delegate	180
deliberate	185
delicate	39
delight	24
delighted	90
delinquent	279
deliver	103
demand	70
demanding	180
demonstrate	196
demoralize	292
dense	185
deny	151
department	39

departure	173	directory	289
depend	24	disadvantage	90
deplete	288	disappointment	186
depot	263	disaster	127
depression	239	discard	210
deprivation	279	discharge	157
deprive	226	discipline	226
descent	117	disclose	292
description	132	discount	50
deserve	230	discourage	25
designated	142	discrepancy	258
desirable	127	discretion	220
destination	185	disease	147
destroy	28	disguise	215
detach	283	dishonor	58
detain	292	dismiss	308
detect	117	disorder	268
deteriorate	268	dispatch	279
determine	34	dispense	293
detour	157	display	103
devastate	279	disposal	216
deviate	313	disposition	240
device	49	dispute	180
devise	157	disruption	293
devote	112	distinct	112
diagnosis	34	distinguished	107
diagram	75	distract	226
diameter	84	distress	210
dictate	180	district	147
digest	220	diversified	313
dignify	240	diversify	186
dignitary	303	dividend	108
dilute	283	division	39
dim	107	domain	279
dimension	220	domestic	157
diminish	288	donation	29
dine	107	dormitory	298
dip	80	dose	293
direct	65	dot	50
directly	24	downstairs	39

downturn	313	emergency	142
draft	108	eminent	289
drag	58	emission	283
drape	196	emotional	122
drastic	246	emphasis	127
drift	75	emphasize	122
driveway	221	employ	157
drought	163	employment	70
drug	50	enable	75
dubious	313	enact	298
dull	80	enclose	152
duplicate	190	encompass	308
durable	268	encounter	103
duration	190	encourage	65
dust	80	encouraging	167
duty	137	endangered	283
dwindle	258	endeavor	268
		endorse	293
		endure	173
		enforce	196
		engaged	127

E

eager	34	enhance	118
earn	70	enlightening	108
earthquake	39	enormous	200
ecology	289	enroll	210
economical	268	entail	221
edition	90	entertain	190
editor	118	enthusiastic	162
educated	108	entire	34
elaborate	121	entrepreneur	280
element	216	envision	268
elevate	274	equipment	75
elicit	314	equivalent	283
eligible	84	eradicate	34
eliminate	34	essential	180
embargo	302	establishment	162
embark	180	estimate	200
embassy	142	eternal	221
embody	308	ethical	303
emerge	122	evacuate	308

evaluate	216
evaluation	293
eventually	84
evolution	226
exaggerate	303
examine	65
exceed	167
excellent	53
except	45
exceptional	250
excessive	181
exclude	137
exclusive	25
excursion	314
excuse	40
execute	162
executive	167
exert	235
exhausted	210
exhibit	147
exhibition	108
exotic	142
expedition	181
expel	250
expenditure	211
experiment	137
expert	95
expire	95
exploit	298
explore	137
explosion	206
exposed	127
express	65
exquisite	283
extend	40
extension	58
extensive	196
extent	211
extinction	284
extra	75
extract	173
extraordinary	84

fabric	147
fabricate	263
faction	250
factor	103
faculty	167
fade	127
failure	85
faint	35
fair	54
fake	251
familiar	85
fancy	35
fare	35
fasten	29
fatal	128
fate	118
fatigue	230
favor	54
feasible	289
feature	35
federal	54
fellow	80
fiber	142
fierce	54
figure	85
file	152
financial	122
fine	206
firm	50
fiscal	284
fit	50
flame	35
flash	54
flavor/flavour	137

flee	240
floating	29
flock	91
flood	103
flourish	122
flu	216
fold	54
folk	91
forbid	251
force	95
forecast	235
forfeit	158
formidable	246
fortify	293
fortunately	35
fortune	36
foster	190
fragile	226
frame	91
frantic	289
fraud	235
freezing	122
freight	123
friction	123
frighten	70
fringe	303
fruitful	308
frustrate	264
fulfill/fulfil	284
fume	181
function	70
fundamental	168
fuss	259

G

gathering	85
gauge	251
general	104
generate	269
generous	123
genuine	186
geographical	275
glide	240
glow	85
glue	123
goods	80
gourmet	221
grab	40
graceful	152
grand	85
grant	95
grasp	246
grateful	123
gratitude	246
greasy	235
grief	162
grim	314
grind	36
grip	112
gross	128
grove	211
gymnasium	226

H

habitat	133
hail	211
halfway	158
halt	123
handy	113
hardware	211
harness	314
harsh	138
harvest	59
haste	240
hatred	227
hazard	181

heal	240
heavily	29
heir	264
heritage	314
hike	168
hinder	280
hollow	59
honor	55
hospitality	142
host	91
household	36
humanity	236
humidity	269
hygiene	304

I

identical	40
identity	200
illustrate	137
imbalance	294
immediately	70
immense	190
immigrant	152
immune	275
impart	259
impatient	45
impending	143
imperative	190
implement	91
impose	230
impression	186
impressive	158
improve	45
improvise	275
impulse	202
inaccuracy	143
inaugurate	231
incentive	294

incidental	269
inclement	191
inclined	186
income	104
inconvenient	200
incorporate	191
increase	55
incredible	168
incur	168
independent	108
indicate	133
indicative	163
indicator	200
indigenous	221
induce	217
industry	104
inevitable	211
infection	201
inferior	201
inflation	191
inflict	289
inform	104
informative	201
infrastructure	299
infringement	290
infusion	201
ingredient	148
inhabit	241
inhalation	217
inhale	314
inherit	212
initial	148
initiate	294
innate	241
innumerable	269
inquire	236
inquiry	231
insecure	221
insert	201
insider	251

insight	212
insist	138
inspiration	222
inspire	191
installment	173
instantly	128
institute	186
institution	181
instruct	113
insulation	241
insurance	113
integrity	187
intellectual	124
intend	91
intention	128
interfere	168
intermediate	236
internal	191
international	36
international flight	251
interpersonal	222
interpret	124
interpretation	96
interruption	81
intersection	251
interval	128
intervention	236
intimate	299
intricate	222
introduction	113
invalid	275
invent	25
investigate	129
investment	71
invoice	309
involve	138
irrelevant	264
irrigation	315
irritate	252
issue	25
itinerary	152

J

janitor	143
jeopardize	222
jet lag	158
jewel	138
judge	36
junk	152
jury	153
justify	65

K

keynote	299

L

labor	40
laboratory	59
lack	40
landlord	212
landscape	113
lane	129
latest	50
latter	36
launch	25
laundry	158
lawn	71
lawsuit	275
lax	290
lay	37
lay-off	133
layout	191
leak	163
lean	29

leap	45
lease	206
ledger	309
legacy	227
legal	206
legislation	246
legislature	252
legitimate	299
lengthen	76
lessen	246
liability	181
liable	309
limit	29
liquid	59
liquidate	294
literacy	182
literature	138
litigation	294
litter	236
load	76
loaf	109
local	86
locate	41
lodge	173
loyal	163
lucrative	309
lunar	41
luncheon	269
lure	275

M

magnetic	81
magnificent	113
mainland	129
maintain	30
majority	81
male	76
malfunction	217

manage	41
managerial	118
mandate	315
manipulation	309
manual	241
manufacture	96
manufacturer	138
maple	71
marble	138
margin	114
marginal	76
marketplace	133
mass	158
masterpiece	264
material	81
mature	187
meaningful	148
means	192
meantime	299
measure	81
medieval	174
melancholy	241
mellow	247
memorandum	163
menace	264
mend	284
mention	71
merchandise	284
mercury	55
merge	264
meteorology	192
metric	187
microwave	133
mileage	259
military	139
mineral	227
mingle	231
miniature	168
mining	192
minister	55

minor	55
missing	37
mission	129
moderate	174
modest	187
modify	197
monetary	304
monopoly	169
morale	41
moreover	51
mortgage	290
motivation	192
mount	159
multiple	86
municipal	264
mutual	217

N

nasty	265
neglect	212
negotiable	290
negotiate	153
negotiation	197
nervous	30
neutrality	241
nominate	269
notable	66
notify	139
notion	182
nuclear	51
numerous	197

O

objective	109
oblige	231
obscure	192
observe	104
obsolete	96
obstruct	143
obtain	59
occasion	118
occasionally	231
occupancy	236
occur	139
odd	30
odor	41
off-limits	231
offensive	237
official	86
off-season	163
offset	227
ominous	270
ongoing	217
opinion	25
oppose	192
opposite	148
optimum	252
oral	174
orbit	55
ordinance	280
ordinary	143
organize	37
orientation	187
originate	133
outage	182
outdated	193
outer	71
outfit	134
outlay	304
outlet	259
outline	30
output	114
outskirts	163
outstanding	109
outward	109
overall	201

overdue	41
overlook	134
overnight	159
overpriced	129
overseas	174
oversee	148
overtake	285

P

panel	153
partial	197
participate	212
passage	66
passenger	109
paste	290
pastime	164
patch	45
patronage	259
payable	118
paycheck	109
payroll	134
pedestrian	247
peel	242
perception	153
perform	27
performance	81
peril	259
periodical	92
perishable	217
permanent	285
permit	143
perplex	304
persistent	153
personnel	227
pest	232
petition	222
petroleum	206
petty	299
philosophy	182
physical	59
physician	114
pierce	222
pill	232
pirate	56
pitfall	309
plain	174
plank	164
plant	129
plaster	164
platform	32
plea	280
pleasant	42
pleasure	46
pledge	174
plot	206
plumber	290
plunge	139
poetry	60
policy	110
polish	30
politics	110
poll	295
pollution	169
port	56
portable	175
portfolio	304
portray	304
postage	265
potential	207
poverty	148
practical	86
precaution	46
precipitation	197
precisely	207
predecessor	305
prefer	119
preferred	285
prejudice	247

preliminary	187
premier	169
premise	237
premium	169
prescribe	265
presence	51
preserve	149
preside	260
press	46
prestige	285
presume	295
prevail	280
prevalent	198
prevent	149
previous	149
principal	42
principle	60
prior	119
privilege	130
probationary	310
probe	315
procedure	104
proceed	76
process	149
procure	291
procurement	227
product	26
profession	242
proficiency	153
proficient	295
profile	276
profit	134
prohibit	295
prolong	252
prominent	110
promising	86
proofread	130
prophet	310
proposal	270
prosecute	305
prospective	300
prosperity	285
protect	130
protective	202
protest	207
protocol	315
provide	119
province	182
provision	232
provoke	295
publication	242
publish	76
pulse	114
punctual	291
punctuality	207
pursue	193
puzzle	60

Q

quality	71
quantity	121
quarter	42
quarterly	207
quote	218

R

race	30
racial	237
radical	223
radically	310
radius	31
rage	82
random	237
range	96
rank	105
rapid	149

rapport	310
rate	66
ratio	285
reaction	144
readily	130
real estate	207
realistic	182
realtor	265
rear	159
rebate	260
recall	92
receivable	315
reception	247
recession	202
recipient	260
recline	169
recognize/recognise	150
recommend	150
recruit	295
recycle	242
redeemable	305
reduce	42
reef	310
reference	300
refined	154
reflect	32
reflective	198
refrain	270
refreshment	164
refuge	183
refuse	32
refute	270
regard	66
regard	46
regional	252
reimburse	286
reinforce	296
reject	237
relative	51
relaxation	252

release	60
relevant	154
reliable	242
relief	66
relieve	188
relocate	270
reluctant	265
remain	144
remainder	139
remarkable	86
remedy	164
remind	105
reminder	218
remodel	228
remote	193
render	280
renew	218
renowned	276
rent	150
rental	260
represent	159
reproduce	164
reputation	114
request	124
requirement	201
rescue	114
reserve	124
residence	232
resign	223
resignation	215
resist	165
resolute	183
resolve	130
respect	46
respectful	60
respondent	202
responsible	27
restore	193
restrain	316
restructure	253

Word	Page
result	124
resume	260
retail	281
retain	159
retreat	115
reunion	188
reveal	144
revenue	232
reverse	134
revise	232
revision	144
revolt	212
revolution	77
revolutionary	242
rigorous	300
ripe	82
roast	202
robust	296
rod	87
routine	202
rubbish	233
rugged	310
ruin	51
runway	261
rural	202

S

Word	Page
sacrifice	247
sake	115
salary	119
savage	203
savor/savour	296
scarce	243
scatter	159
scenery	203
scenic	208
scheme	203
scholarship	124
scoop	305
scope	213
scorch	248
screw	203
scrutinize	228
sculpture	188
seasonal	223
seating	208
second-hand	305
seed	60
seek	66
segment	144
select	82
seminar	270
sensation	286
sensible	203
sensitive	115
sensor	300
separate	56
settle	61
severe	119
sewage	110
shallow	139
share	31
shareholder	188
sheer	276
shell	31
shelter	47
shift	67
shortcut	300
shorten	125
shortly	26
showing	87
shred	316
shrink	140
sightseeing	154
signature	193
similar	26
simplify	218
simulate	316

sincere	296	staircase	266
site	144	stance	266
situation	31	standard	57
skip	208	standstill	301
skyrocket	311	startling	165
skyscraper	218	statement	160
slack	300	stationery	135
slash	311	statistical	281
sleek	243	statue	67
slip	56	status	130
slowdown	312	steep	51
soar	87	sticky	135
soften	188	stimulate	150
soil	31	stipulate	233
solar	145	stir	160
sole	183	stock	145
solicit	228	storage	165
solid	82	straightforward	305
solitary	248	strategic	261
somewhat	265	stray	165
sophisticated	140	streak	311
sort	67	streamline	248
source	87	strike	47
souvenir	188	stringent	306
spacious	286	strip	61
span	183	strive	266
spare	61	stroke	97
specification	261	stroll	243
specimen	316	struggle	72
spectacle	253	stubborn	183
speculation	281	stuff	27
split	56	sturdy	206
spoil	56	subject	281
sponsor	281	submit	145
spur	169	subordinate	208
squeeze	57	subscribe	301
stability	286	subscription	92
stack	134	subsequent	237
stage	82	subsidiary	213
stagnant	96	subsidize	266

substantial	233
substantially	206
substitute	145
subtle	238
subtract	97
suburb	160
succession	193
sudden	72
suffer	154
sufficient	248
suit	72
sullen	271
summarize	160
summit	238
summon	238
superb	218
supervise	248
supervision	208
supplement	110
suppress	154
supreme	125
surface	145
surge	271
surpass	154
surplus	266
surprisingly	175
surrounding	67
survey	150
survive	26
susceptible	311
suspect	155
suspend	150
suspicious	27
sustain	213
swallow	42
swamp	61
swap	228
swarm	175
sway	120
sweat	52
swell	306
swift	26
swing	105
switch	145
symptom	261

takeover	155
tangible	316
tap	57
tariff	170
tax	92
tear	57
tedious	266
tenant	155
tension	165
tentative	243
terminal	97
terminate	97
territory	52
terror	77
testimony	271
textile	135
texture	135
theft	253
theme	57
theory	31
thoroughly	140
thoughtful	203
thrifty	297
thrive	105
timber	61
token	261
tolerance	82
toll	223
toll-free	253
toss	37
tow	213

trace	140
track	105
trade	61
traffic	26
tragic	238
trainee	165
transcribe	170
transfer	155
transform	137
transit	175
translate	125
translation	208
transmit	198
transportation	62
trap	97
traverse	311
treaty	52
tremble	72
tremendous	160
trend	235
trespass	301
trial	62
trigger	228
trim	140
trouble	77
tuck	253
turnover	306
twist	62
typical	72

U

unanimous	301
undergo	238
undermine	198
undertake	188
underwater	62
undoubtedly	77
unfortunately	47
unprecedented	286
unstable	110
unwavering	286
upcoming	198
upset	97
urban	115
urge	47
urgent	77
usher	301
utensil	160
utility bill	296
utilize	291

V

vacancy	170
vacate	197
vacuum	120
vague	233
valid	271
vapor	72
vary	47
vast	105
vegetarian	140
vehicle	155
vendor	213
vicinity	213
venture	125
verify	291
version	125
vertical	32
via	135
vibrate	87
vicinity	213
vicious	253
victim	125
vigorous	170
vinegar	155
violate	248
violation	228

virtual	301
visible	47
vital	120
vivid	120
volatile	276
voluntary	223
vote	27
voucher	271
vow	275
voyage	37
vulnerable	243

wage	92
waive	281
wane	261
warehouse	238
warmth	92
warning	52
warranty	271
waste	32
weapon	87
weigh	115
welfare	120
whistle	115
wholesale	276
widespread	175
width	62
willing	67
wipe	27
withdrawal	233
witness	170
witty	306
wonder	67
workout	170
workplace	175
wound	52
wrist	120